VIAJE A ÍTACA. EL MÉTODO INTEGRAL Y DEFINITIVO PARA CRECER COMO PERSONA

ExLibric

EVE IBARRA

VIAJE A ÍTACA. EL MÉTODO INTEGRAL Y DEFINITIVO PARA CRECER COMO PERSONA

EXLIBRIC

ANTEQUERA 2021

EVE IBARRA

VIAJE A ÍTACA. EL MÉTODO INTEGRAL Y DEFINITIVO PARA CRECER COMO PERSONA

Agradecimientos

A mis hermanas, María José y María del Mar, y sus esposos, Fran y Sergio, que con el ejemplo me enseñaron los valores de responsabilidad y esfuerzo.

Al Dr. Miguel Ángel Saravia, gran médico y mejor persona, por sus sabias palabras y consejos.

A mi amado hijo Francisco, para que este libro le sirva como guía inicial en su largo camino por la vida.

Índice

Dios, concédeme serenidad para aceptar las cosas que no puedo cambiar, valor para cambiar las que sí puedo y sabiduría para apreciar la diferencia.

Oración de la serenidad de Alcohólicos Anónimos

El hombre que persigue el poder y el éxito en el tener (dinero, posesiones, mujeres, influencias, etc.) vive en una fantasía y no se da cuenta de que nada tiene sentido si vive solo para sí mismo.

Luciano Pavarotti. De la canción *It's a man world*, con James Brown

Prólogo

Este libro será útil al público en general que desee conocerse mejor —tener mejor autocontrol de sus pensamientos, emociones y actos— y quiera mejorar, es decir, aquellos que deseen crecer como individuos. Y también para los que se sienten insatisfechos con sus vidas —y no conocen o no saben conocer ni, por tanto, controlar el porqué— y algunos que han acabado finalmente peor en actitudes y comportamientos de evasión para mitigar ese vacío interior. La vida actual nos lleva a situaciones de crisis económicas y/o personales. La única forma de enfrentarse a eso es conocer y potenciar nuestro interior: el SER. Olvidarnos del individuo que aparentamos —a veces a nivel inconsciente y automático— en la sociedad buscando el poder, el dinero, etc. No digo que eso no importe, pero por sí solo no nos da la auténtica felicidad. Esa parte del ser interior es la única que puede decirnos qué queremos hacer con nosotros y nuestra vida y entonces, en caso de que nuestras condiciones externas sean favorables o no, habremos abierto una «forma de interpretarla mejor» y ser felices en cualquier circunstancia (estoicismo). El libro es una herramienta que nos hará mejores, pero no basta con leerlo y entenderlo, hay que ponerlo en práctica diariamente. El primer paso para alcanzar cualquier objetivo es conquistarse a uno mismo. Y a partir de ahí, crearemos nuestro futuro.

Esto también servirá a toda persona que haya sufrido una crisis existencial, un desequilibrio mental o emocional y que a veces es incapaz por desconocer las técnicas y los métodos que le permitirán conocerse a sí misma y mejorar. La falta de control en su vida y el dolor finalmente le ha podido llevar a perder su serenidad y tal vez para algunos los ha llevado al consumo abusivo de medicamentos —ansiolíticos, antidepresivos, etc.—, sustancias o hábitos dañinos —para evadirse temporalmente— y que a la postre les ha deparado una vida todavía más ingobernable y dolorosa.

En este libro aplicaremos una visión integral del ser humano —calma interior, desarrollo de valores, eliminación de las creencias internas del subconsciente limitantes, control del pensamiento y emociones positivas, hábitos saludables de vida— y la integraremos en un conjunto de estrategias que, si te las aplicas día a día (24 h), sacarán lo mejor de ti. Ese diamante que llevas dentro ha sido eclipsado por la sociedad, la educación —basada en solo darte más y más información— y tu entorno (pensamiento único). La sociedad ha olvidado el desarrollo interior y las capacidades individuales, ya que solo le interesas como una pieza del engranaje —industrial, social, político, etc.—. El pensamiento libre del ser humano —y a veces crítico— ha de ser anulado. Ahora ese diamante que llevas en tu interior brillará con toda su grandeza e iluminará a quienes te rodean. Tú serás verdaderamente libre y más feliz, y harás feliz a quienes te rodean. Tú tienes el poder de crecer, avanzar, pensar y sentir lo que te haga mejor. El cuerpo en muchas ocasiones se puede curar a sí mismo y pensar y sentir mejor. Todo parte de conocerte algo más y aplicar ciertas estrategias y hábitos que propongo. Sin necesidad de buscar remedios ni medicación —ansiolíticos, antidepresivos, etc.— que tengas que consumir diariamente para olvidar ese malestar, o acudir al alcohol, otras sustancias o actividades lúdicas —juego, sexo, etc.— para mitigar temporalmente ese malestar. Aquellos que lamentablemente estén en esa situación pueden pasar directamente al anexo I, que les aclarará la mente y les serenará, y después volver a leer el libro desde el comienzo. La decisión de cambiar y mejorar está en tus manos…

La única forma de controlar un proceso es conocer las bases de cómo funciona. Aquí expondremos esas bases para conocer cómo funciona el ser humano en su complejidad como individuo y las técnicas no solo para restaurar el equilibrio perdido, sino para extraer lo mejor de nosotros mismos. Y alcanzar serenidad, paz y mayor sabiduría en nuestras vidas.

Este método tratará al ser humano desde una perspectiva multidisciplinar: desarrollo de valores, meditación, técnicas zen, teoría de la complejidad de sistemas, neurociencia, psicología, teoría del caos, etc.; integrándolo todo en un método asequible a todo el mundo.

Un ser humano no se puede parcelar por partes —pensamiento, emociones, cuerpo, etc.—. El ser humano debe ser considerado como un ser único formado por partes que interactúan y generan lo que se ha denominado «capacidades y propiedades emergentes», que no existían en las partes, sino que son resultado de sus interacciones. A lo que intenta aproximarse la teoría de la complejidad de sistemas.

Tú albergas en tu interior una luz que has de sacar al exterior para que esa luz te haga brillar a ti mismo como te mereces e ilumine a los demás. Esto solo lo conseguirás entendiendo la teoría de la complejidad de sistemas aplicada al ser humano (omitiré las complejidades formales y me acercaré a su esencia y conceptos, de forma que pueda ser accesible a todo el mundo, simplificando conceptos y quedándonos con lo esencial). La transformación personal no se basa solo en leer y entender sus bases —que se irán explicando capítulo a capítulo—, sino en aplicarlas día a día.

El sistema y la sociedad actual, llenos de incertidumbres, y un sistema de educación basado en la adquisición de conocimientos para ser un elemento útil al sistema olvidan lo más importante, que es conocerse a sí mismo, tus limitaciones y grandezas interiores, que te darán la libertad de pensar por ti y adquirir una visión más clara de lo que te rodea y que te permitirá controlar tus pensamientos y emociones centrándote en lo positivo: lo que puedes hacer hoy, en el presente. Desarrollando un pensamiento crítico, creativo y humano en toda la extensión de la palabra. De alguna manera, la sociedad actual nos ha deparado una forma de vida que a veces percibimos vacía y sin sentido y hasta en ocasiones ingobernable y dolorosa.

Se incluyen elementos aplicables a todo ser humano que aspire a la serenidad, al autocontrol y que pretenda pensar por sí mismo y mejorar, evitando las trabas que esta sociedad a veces nos impone a través de la búsqueda de salidas fáciles —ocio, televisión, dar rienda a las pulsiones más bajas, etc.—, que de alguna manera nos convierten en autómatas del sistema.

Habrá personas que sufriendo en una vida que no les llena plenamente han intentado evadirse mediante medicación —ansiolíticos, antidepresivos—, el alcohol, consumo de sustancias, hábitos dañinos, sexo, personas, trabajo, etc., que al final les ha derivado en una adicción que es la que acaba por controlarlos a ellos. En este libro, encontrarán también las pautas para abandonar la adicción (anexo I) y volver a tener el control de sus vidas. Desde una versión mejorada de sí mismos, ya que han tomado conciencia de cómo la adicción les está arruinando la vida, haciéndoles sufrir a ellos y a quienes les rodean, y desean y buscan un camino que les permita superar la adicción, ser felices y compartir esa felicidad con los demás. En el método integral que planteo no solo abandonarás tus hábitos adictivos, te transformarás como persona —incluyo valores, técnicas de meditación, control de pensamientos y emociones, entre otras—. Sacar lo mejor de ti mismo. También está dirigido a terapeutas o médicos que tratan con el problema.

Este método sirve para todo ser humano que desee avanzar, conocerse mejor, tomar el control de su vida y mejorar. Debería ser manual de cabecera de todo aquel que desee mejorar como ser humano, incluso incluir sus principios en las escuelas como parte de la formación de todas las personas. Yo lo aplico a mí mismo cada día. No solo me ha permitido abandonar ciertos hábitos —para ocultar mi malestar interior—, sino crecer como persona y poder verme a mí y a los demás con amor, generosidad y agradecimiento. También verás al mundo que nos rodea con mayor claridad y penetración. Si yo he podido hacerlo, tú también. Aprende de estas preciadas páginas que han caído en tus manos, comprende los conceptos y aplícalos día a día (24 h) y serás una mejor versión de ti mismo. Saca el diamante que escondes en tu interior y hazlo brillar. Aprovecha tu vida.

Tú no eres una suma de componentes aislados, sino un sistema complejo, donde la función de cada elemento —valores, cerebro, mente (el cerebro en acción), pensamientos, emociones, etc.— tiene su propia dinámica y comportamiento, y todos se encuentran interconectados de distintas formas entre sí para construir de «forma emergente» lo que tú eres. No la mera suma de las partes, sino algo más. ¡¡¡Un ser humano completo, con dignidad, futuro y potencial por desarrollar!!! Todo parte de tu conciencia y voluntad por querer alcanzar aquello a lo que estás llamado: ¡¡¡tu grandeza interior!!!

En el presente, de alguna manera la sociedad actual nos convierte en autómatas y meros títeres —herramientas de producción y consumo—. Las máquinas y los estamentos de poder se vuelven más inteligentes y la gente más estúpida.

Hay algo que sí podemos hacer ante todo esto. El poder está dentro de cada uno de nosotros, y empieza por utilizar nuestra cabeza —nuestra conciencia y cerebro— y adquirir conocimiento y aplicarlo. El conocimiento aplicado es el poder. No debemos juzgar a los líderes —o a quienes los manejan— y a las personas —incluidos nosotros mismos— por lo que dicen, sino por lo que son realmente y lo que hacen. Todo ello solo lo podemos adquirir empezando por aprender y tener más conocimiento. Decía Antonio Machado: «Caminante no hay camino, se hace camino al andar…». Muchas personas en esta sociedad andan un camino que creen haber elegido y eso no es totalmente así. Desde la infancia empezamos a andar por el camino que nos indican nuestros padres (haz esto, no hagas esto otro), luego las influencias de las amistades y la sociedad, a través de sus medios de comunicación asociando la felicidad y el éxito al consumo y tener dinero, poder, etc. También nos vemos influenciados en la escuela, instituto o universidad —por un tropel de conocimientos que hay que aprender y memorizar, se supone para «alcanzar el éxito en la vida»—) y pocas veces se hace hincapié en el pensamiento crítico, la creatividad y los valores que realmente nos hacen humanos. La mayoría acaban convertidos en piezas de un engranaje social (producción-consumo) que favorece a los poderosos. La mayor parte del tiempo nuestra mente actúa por automatismos aprendidos y pocas veces reflexionamos sobre lo que pasa en realidad y cómo nos afecta y limita.

Nos han vendido una película. El éxito es competición contra todos los demás —en general no colaboramos ni cooperamos con ellos—. Esto nos aísla, produce ansiedad y tensión que acaba por limitar nuestras capacidades. El éxito personal —y la felicidad—, a mi modo de ver, no es un instante, una sensación pasajera, el poseer algo o a alguien. Es un proceso continuo que parte de la conciencia, tus valores, tener pensamientos y emociones positivos, hábitos de vida saludables y trazarte tu propio camino y actuar en coherencia con todo lo anterior. Esa coherencia interior es la que te otorgará paz diaria y éxito. Tras ello, podrás plantearte otras metas. La primera es conquistarte a ti mismo.

De lo contrario, si no están en la misma dirección lo que piensas, sientes y haces, sentirás una insatisfacción que emerge del subconsciente del cuerpo; es lo que en psicología se denomina «disonancia cognitiva». De forma que, si lo que piensas, sientes y haces están orientados al mismo fin, crecerás interiormente y serás tú más feliz y quienes te rodean.

Mi formación reglada se ha centrado en la informática (ciencia del tratamiento racional de la información) y mi tesis doctoral versa sobre inteligencia artificial y redes neuronales. Pero desde hace más de treinta años, he emprendido estudios multidisciplinares: he estudiado el cerebro —su fisiología y comportamiento—; psicología; métodos para desarrollar la inteligencia, abordar los retos, formas de pensar y actuar que conducen al éxito personal; inteligencia aplicada; técnicas de lavado de cerebro; sectas y programación neurolingüística (PNL); teoría de la complejidad; teoría del caos; termodinámica, etc. ¡Treinta años dan para mucho! Finalmente, en los últimos años he estado en varios centros y he estudiado los métodos que aplican terapias para ayudar a aquellos cuya vida se volvió desequilibrada e insufrible y tomaron el camino fácil de huir de ese malestar a base del abuso de medicamentos —ansiolíticos, antidepresivos, etc.—, alcohol, otras sustancias y/o conductas de evasión inapropiadas —sexo, juego, etc.—. Para ellos, si consiguen un periodo de abstinencia (ver anexo I), posteriormente, con una mente más clara y penetrante, leerán y aplicarán las estrategias de este libro, evitarán recaídas y crecerán como seres humanos. Conozco las técnicas de Proyecto Hombre, clínicas privadas, grupos de Alcohólicos Anónimos, Narcóticos Anónimos, Proyecto Reto, Unidades de Conductas Adictivas (UCA), etc. He estado en contacto con adictos y sus sufrimientos, recaídas y, en muchos casos, con la pérdida total de sus vidas orientándolas solo al consumo —nada más les importa—, y la pérdida de sus capacidades mentales e incluso la muerte de algunos. De ahí que pueda extraer lo que funciona o no y me haya decidido a escribir este anexo I, que recoge parte de su metodología. El anexo I sirve para quienes han intentado evadirse del vacío que sienten en sus vidas mediante medicamentos, alcohol, sustancias o hábitos perniciosos que solo les produce un alivio pasajero, pero a la larga arruinan sus vidas.

El ser humano es un sistema complejo y, o se aborda desde su complejidad, o no tendrá el éxito y equilibrio esperado. Si sigues mis pautas y las aplicas diariamente tendrás una vida más feliz y plena para ti y quienes te rodean. Pero has de tener voluntad y comprometerte al 100 %. ¡¡¡No hay medias tintas!!! (24 h al día, todos los días). Todo lo que merece la pena requiere esfuerzo y compromiso. ¿Eres capaz de comprometerte contigo mismo?

Para la mayoría será fácil leer este libro —si ya han adquirido el hábito de leer y aprender—. Para otros, acceder al conocimiento puede ser difícil, sobre todo si no están acostumbrados. Debes intentarlo poco a poco y leer —y aprender—. Te costará al principio, pero más tarde se convertirá en un hábito. Una nueva adicción —en este caso constructiva— a adquirir más y más conocimiento. Decía San Juan: «El conocimiento os hará libres». ¡¡¡Aplícatelo!!!

Además, el conocimiento te permitirá conocerte mejor a ti mismo —y cambiar—, también a los demás y el mundo que te rodea. Te hará salir de ese alineamiento en el que vives y verás y actuarás con más claridad.

Los nuevos estudios en neurociencia han demostrado que el cerebro es dinámico y que puede cambiar físicamente generando nuevas conexiones entre las neuronas (dendritas), y este cambio es estimulado desde el aprendizaje, el conocimiento y cambiando la forma de pensar y actuar. Además, ahora con el descubrimiento de la neurogénesis sabemos que en el hipotálamo pueden llegar desde otra parte del cerebro de 500 a 1000 células madre al día, que se convertirán en neuronas en unas semanas aumentando nuestra capacidad de memorización y procesamiento. De forma que no me digas que no puedes cambiar, que tú siempre has sido así. No es verdad, puedes cambiar si quieres, si tienes un objetivo y te comprometes en el día a día al 100 %. Disciplina y constancia. Decía Eugenio d'Ors: «El ser humano no es un participio, es un gerundio». Es decir, nos vamos haciendo —y creciendo— día a día si nos lo proponemos. Otro gran científico y pensador, D. Santiago Ramón y Cajal (ganador del Nobel de Medicina en 1905) dijo: «Todo ser humano, si se lo propone, puede ser el escultor de su propio cerebro». ¿Qué vas a hacer con el tuyo? ¿Una birria de escultura o una obra maestra? Solo depende de ti, de tu motivación, intención y compromiso.

Así que no te quedan más excusas ni justificaciones para no poder cambiar. Si no lo haces es porque no quieres, o no te atreves y prefieres continuar «en la zona de confort» y hábitos, etc. Basura de justificaciones. ¡¡¡Y no hay más!!!

No sé si crees en el más allá, el alma, la transcendencia e inmortalidad del ser humano… Yo sí, aunque no se puede demostrar. Esa rama derivada de la ciencia denominada «cientifismo» dice que lo que no se puede medir y pesar no existe. ¡¡¡Vaya chorada!!! ¿Se puede ver y pesar el amor, la autoconciencia, etc.?

No importa. Siempre podemos apoyarnos en los grandes que abrieron el camino, como Blaise Pascal, que dijo algo así: «Me comportaré en esta vida según los mandatos de Jesucristo; si Dios existe habré aprendido y disfrutado de esta vida y la futura, y si no existe una vida más allá de la muerte, habré disfrutado de esta». ¡¡¡Siempre sales ganando!!! Haz lo mismo con tu vida; tu alma está aquí para experimentar y hacerle frente a los retos, crecer y ayudar a los demás y ser feliz. Si crees en el alma y la inmortalidad, tú eres eterno. Y cada experiencia en esta vida o futuras será solo escollo y obstáculo en el camino que habrás de superar para crecer interiormente. Y tu nivel de «vibración» subirá y te harás más sabio y compasivo con los demás. Nunca dejarás de aprender —eternamente para aquellos que crean en el más allá—. Créelo y desde esa percepción espiritual tu vida será más plena. Y si no existe el alma no importa, siempre habrás hecho lo mejor y habrás disfrutado de esta vida haciéndote feliz a ti mismo y a los demás. Al no ser egoísta y pensar en los demás se obtiene todavía una mayor gratificación, créeme: «Haz el bien y no mires a quién». Lo que das lo recibirás con creces. Y si no, qué importa. Has hecho lo que considerabas correcto para ti y los demás (ética).

Lucha y transforma tu vida interior y, por ende, la exterior cambiará. Ya lo verás, se requiere estar abierto a nuevas posibilidades, a cambiar, a crecer, a luchar con los retos —meras pruebas de aprendizaje—, a luchar sin desánimo y a comprometerte con esta forma de vida. Y hacerla tuya para siempre. ¡¡¡Sé un conquistador de ti mismo!!! Como decía el templo de Delfos: «Conócete a ti mismo», ese es primer el paso del camino. No solo te fijes en el fin último, disfruta de cada paso y de cada momento —esa es la clave: vivir la eternidad en cada instante—. Piensa, ríe y sé feliz en tu propio camino y haz copartícipe de ello a quienes te rodean.

Las mayores dificultades no están fuera, están en nosotros, en nuestras creencias limitantes (subconsciente), pensamientos y emociones negativos, etc. Libérate de todo eso. Aquí tienes una pequeña herramienta que te ayudará si quieres. Todo parte de tu intención y voluntad. Si tienes esa chispa divina en tu interior —como yo creo— hazla crecer e ilumina a los demás. No te quedes en la oscuridad. Es una mierda de vida, cámbiate a ti mismo y mejora el mundo en el que vives, sé generoso: «la vida te devuelve más de lo que das». Si solo piensas en ti mismo, no tienes nada. ¡¡¡Piensa también en lo que puedes dar a los demás!!!

Sé valiente, atrévete, sé un explorador… El camino tendrá dificultades, pero habrá merecido la pena. Disfruta a lo largo del camino y no te centres solo en el objetivo —este llegará—. Disfruta de cada paso, esfuerzo y avance. Y es entonces cuando podrás mostrarte a ti mismo quién realmente eres desarrollando tu potencial —y mostrando el diamante que tienes dentro de ti—. Solo has de trabajarte y buscar en tu interior.

No tomes el pasado como determinante de tu futuro ni te culpabilices por tus errores. El pasado solo te informa de lo que has hecho bien y mal. Ahora que ya lo sabes y eres consciente está en tus manos desde el presente —el aquí y ahora— construirte a ti mismo como te mereces —elegir lo que funciona en positivo y desechar lo peor, desarrollar tu creatividad para abrir nuevos caminos y fórmulas de éxito—. Puedes reconstruirte —

sacar lo mejor de ti— y crear un futuro mejor para ti, los que te rodean y la sociedad en su conjunto.

Ahora vas a emprender un camino donde la recompensa no la recogerás toda al final, sino en cada paso, en cada dificultad que superes, en cada acción y pensamiento, en cada experiencia… ¡¡¡En el día a día!!!

Añado a continuación el poema «Ítaca» de Konstantino Kavafis. El viaje que vas a emprender te enriquecerá y cuando llegues a Ítaca serás una versión mejor de ti mismo y… podrás planear ir a otras Ítacas. El camino te habrá dado las herramientas y experiencias. Y te conocerás mejor, serás mejor y sabrás usar tus potenciales al máximo.

ÍTACA

Cuando emprendas tu viaje a Ítaca
pide que el camino sea largo,
lleno de aventuras, lleno de experiencias.
No temas a los lestrigones ni a los cíclopes
ni al colérico Poseidón,
seres tales jamás hallarás en tu camino,
si tu pensar es elevado, si selecta
es la emoción que toca tu espíritu y tu cuerpo.
Ni a los lestrigones ni a los cíclopes
ni al salvaje Poseidón encontrarás,
si no los llevas dentro de tu alma,
si no los yergue tu alma ante ti.
Pide que el camino sea largo.
Que muchas sean las mañanas de verano
en que llegues -¡con qué placer y alegría!-

a puertos nunca vistos antes.
Detente en los emporios de Fenicia
y hazte con hermosas mercancías,
nácar y coral, ámbar y ébano
y toda suerte de perfumes sensuales,
cuantos más abundantes perfumes sensuales puedas.
Ve a muchas ciudades egipcias
a aprender, a aprender de sus sabios.
Ten siempre a Ítaca en tu mente.
Llegar allí es tu destino.
Mas no apresures nunca el viaje.
Mejor que dure muchos años
y atracar, viejo ya, en la isla,
enriquecido de cuanto ganaste en el camino
sin aguantar a que Ítaca te enriquezca.
Ítaca te brindó tan hermoso viaje.
Sin ella no habrías emprendido el camino.
Pero no tiene ya nada que darte.
Aunque la halles pobre, Ítaca no te ha engañado.
Así, sabio como te has vuelto, con tanta experiencia,
entenderás ya qué significan las Ítacas.

Deseo que este libro te sirva de ayuda para mejorar como ser humano. Desde la Tierra, único planeta con vida «inteligente», por decir algo, que se sepa hasta hoy, 2021. Un saludo.

Eve Ibarra

1. Introducción

La suerte favorece a la mente bien preparada.

Louis Pasteur

Dadme un punto de apoyo y moveré el mundo.

Arquímedes

Solo hay dos cosas infinitas:
el universo y la estupidez humana.

Albert Einstein

«La banca siempre gana». Además, parece que las máquinas se han vuelto más inteligentes, y nuestros dirigentes —y quienes les controlan también— y la gente corriente más tonta. ¡¡¡La educación que recibimos, ya desde pequeños, solo nos aporta conocimiento!!! Para al final formar parte del engranaje de esta sociedad como meros productores y consumidores. Vivimos para trabajar y conseguir más y más. Sin reflexionar a dónde nos lleva esto… A una fantasía, a un falso éxito personal creado por otros. La sociedad nos bombardea con bienes de consumo, ofertas de ocio —cine, televisión, vacaciones, etc.— o salidas fáciles de evasión —fútbol, sexo, alcohol, drogas, etc.—, donde completar ese vacío interior que muchos sienten… Y mediante los medios de comunicación —muchas veces manipulados— nos alinean a un pensamiento único. La sociedad y la formación recibida ha anulado, o en el mejor de los casos disminuido, el pensamiento crítico y, por ende, al individuo.

En este libro aplicaremos una visión integral del ser humano y la integraremos en un conjunto de estrategias que sacarán lo mejor de ti. Tú serás verdaderamente libre, más feliz y harás feliz a quienes te rodean. Tú tienes el poder de crecer, avanzar, pensar y sentir lo que te haga sentir mejor. El cuerpo en muchas ocasiones se puede curar a sí mismo y pensar y sentir mejor. Todo parte de conocerte algo más y aplicar ciertas estrategias y hábitos que propongo. La decisión de cambiar y mejorar está en tus manos…

La persona es la que construye modelos del mundo, hace predicciones, se compromete, cambia hábitos, miente, etc. La persona es responsable de su vida, hasta donde lo sea, incluso de su cerebro, en la medida en que el cerebro es plástico y se adapta según los pensamientos, experiencias, hábitos y formas de vida. Es, en una visión espiritual de transcendencia —si la tienes—, el alma, la psique, la conciencia, el origen y motor de todo lo demás, donde han iniciado un camino eterno de experiencia y aprendizaje infinito… Si no tienes esa visión de transcendencia y espiritualidad, no importa lo que se cuenta en estas páginas, te hará vivir esta vida de forma más plena y feliz para ti y los demás. Ese es nuestro poder. Y podemos cambiar físicamente nuestro cerebro si queremos, si pensamos y actuamos en consonancia y sacamos lo mejor de nosotros.

Ante estas alternativas, hay que valorarlas y, finalmente, comprometerse firmemente en esas ideas y caminos —olvidar lo nocivo aprendido y reaprender—. Y creer que sí tienes ese potencial en el interior y comprometerse con cambiar a mejor. Este ha de ser un compromiso total. Nada de medias tintas. O me comprometo o no. No hay tonos de color intermedios. El compromiso ha de ser completo.

Posteriormente, disciplinarte y trabajar nuevos hábitos en tu vida que te ayudarán. Leer desarrolla tu capacidad de concentración y entrena tu capacidad de enfocarte en algo. Además, donde pones el foco estás tú y eso te sirve no solo para un libro, sino para la vida en general. Además, leer te permite ampliar tu conocimiento del mundo; no debes creer todo lo que lees o te bombardean desde los medios de comunicación —lee y escucha críticamente—, ponlo todo en cuestión hasta que lo compruebes por ti mismo, organiza tu tiempo, etc. Y cambiar interiormente, si realmente quieres, para crecer y sacar todo el potencial que tienes dentro a través de técnicas de meditación y desarrollo de valores —que son la brújula que dirigirá tu vida en este mundo cambiante y lleno de incertidumbres—, gestión del pensamiento, inteligencia emocional, creatividad, etc. Y, finalmente, desde el presente construir una vida mejor y feliz. Alcanzar la madurez de disfrutar la vida en su plenitud con sus altos y bajos, sus problemas y recompensas. Ser consciente de todo lo que te rodea. La vida es un regalo. Aprovéchalo. Solo una vida consciente —y dirigida por ti mismo— merece ser vivida.

Si sientes un vacío interior en tu vida, o has cometido errores, o te encuentras en una situación insufrible, no te culpabilices por ello. Aprende de ello. No te preguntes por qué, sino para qué. Saca lecciones de lo que has hecho mal —y te ha perjudicado— y piensa que puedes cambiar, aprender y mejorar como persona sacando lo mejor que hay en ti.

Si sigues las pautas de este libro con paciencia, dedicación y poniéndolo en práctica día a día, lo conseguirás, estoy seguro, pero todo depende de ti. De tu entusiasmo, ilusión y querer cambiar desde lo más profundo de tu ser. Comprométete no a medias tintas, sino totalmente; aprende, entiende y aplica lo que se expone en tu día a día. Y pronto verás los cambios. Sacarás de ti mismo la mejor versión. Pero repito, eso requiere ilusión, fe y compromiso total en querer cambiar. No lo dudes, lo vas a conseguir y te transformarás en otra persona. La que llevas realmente en tu interior, y la vas a sacar para tu beneficio personal y de quienes te rodean. Y te espera un mundo mejor.

1.1. El desequilibrio personal

Se han invertido los términos SER> HACER> TENER. Ahora lo que manda y en teoría es el éxito basado falazmente por la sociedad es el TENER («tanto tienes, tanto vales») y, si es posible, TENER —dinero, posesiones, mujeres, etc.— con el mínimo esfuerzo, es decir, HACER lo mínimo —se ha abandonado el valor del esfuerzo, disciplina y constancia—, sustituyéndolo por caminos rápidos: lotería, mentir y engañar, estafas, porcentajes en adjudicaciones, etc. Digamos que el SER algo como persona casi ha desaparecido, ya a casi nadie le importa.

Hay que volver a los orígenes, primero SER como persona, desarrollar todas tus cualidades —conocerte a ti mismo, tener valores que te dirijan, saber gestionar tus pensamientos y emociones, tener hábitos de vida saludables, desarrollar empatía y compasión por los demás, no pensar solo en ti, sino también en los demás, desarrollar el pensamiento crítico, la creatividad, etc.— y esto te permitirá desde el desarrollo interno de ti mismo (el SER) tener algo desde donde afrontar los desafíos que la vida impone. Todo empieza en ti mismo, en tu crecimiento interior (el SER). Luego podrás HACER algo y, tal vez, TENER. Y si no, qué más da, la mayor y más difícil conquista está en nuestro interior. Habremos hecho lo adecuado.

Este libro te dará algunas claves para conseguirlo. En la escena final de la película *La leyenda de la ciudad sin nombre*, cuando un individuo en una esquina —en las calles de la ciudad con carros entrando y saliendo— le dice al actor Lee Marving: «Hay dos tipos de personas en el mundo: las que se van y las que vienen. ¿No piensas lo mismo?». A lo que replica Lee: «Estás equivocado. Hay dos tipos de personas: las que van y las que van a alguna parte. Pero tú no tienes ni idea de lo que te estoy hablando». Este libro está escrito para aquellos que quieren ir a alguna parte, pensar por sí mismos fuera del alineamiento del pensamiento único, ser algo más que un ladrillo en un «muro» construido por esta sociedad; como diría Pink Floyd en la mítica canción *The Wall*: «Piensa por ti mismo, utiliza ese poder que tienes en tu interior...». Este libro está pensado para aquellos que quieren ir a alguna parte, cuyo objetivo es desarrollarse como individuos —y se introducen algunas herramientas— para ser más feliz ellos y quienes les rodean. En definitiva, obtener una vida más plena y satisfactoria desde la cual poder plantearse otras metas.

La sociedad actual no está desarrollada para fomentar el desarrollo interior del individuo —mental y emocional—. No interesa. Lo manipula desde la infancia hasta la educación superior solo impartiendo conocimientos para convertirnos en consumidores-productores, meros autómatas del sistema. Siguiendo el camino trazado por esta sociedad de consumo insostenible e inhumana. El estrés y la ansiedad que todo esto nos crea afectan a nuestra capacidad de razonar por nosotros y a nuestra salud física. Esto nos lleva en ocasiones a encontrarnos mal con nosotros mismos, nuestra pareja y los demás —sin saber el por qué somos infelices—. Produciendo, en ocasiones y en variado grado, conflictos, sentimientos de tristeza o desánimo, pensamientos confusos o capacidad reducida de concentración, preocupaciones o miedos excesivos —creados en nuestro mundo mental y no reales—, sentimientos intensos de culpa, altibajos y cambios radicales de humor, alejamiento de las amistades y de las actividades, cansancio importante, baja energía y problemas de sueño, etc. Todo ello nos afecta no solo a nosotros, sino también a nuestra pareja, familia, relaciones y en el trabajo.

Hay un primer núcleo central que empezar a aprender: si lo que pensamos, sentimos y hacemos no van en la misma dirección, nos sentiremos mal, el subconsciente lo detecta y todo nuestro ser estará desequilibrado.

Esta dicotomía la detecta el cuerpo, que es sabio. <u>En realidad, no poseemos un solo cerebro, sino tres</u>. **En la cabeza**, con 100 billones de neuronas. **En el corazón**, que también siente, piensa y decide. En él se concentran cerca de 40 000 neuronas que se relacionan mediante las conexiones de las dendritas —hasta 1000 dendritas por neurona— que emiten unos neurotransmisores a las células con las que están conectadas. Con funciones que van más allá del control del bombeo del corazón. Tiene otras funciones adicionales, muy concretas, que lo convierten, para nuestra admiración, en una extensión perfecta de nuestro cerebro que está en la cabeza. Y, finalmente, **en el tubo digestivo**, que dispone de una red neuronal repartida entre las capas mucosa, submucosa y muscular. Concretamente, estas células cerebrales controlan el movimiento intestinal llamado «peristaltismo» o la secreción de sustancias al intestino para la digestión y que están controladas por el sistema nervioso central y el autónomo. Estas neuronas reciben señales del sistema nervioso central, el cerebro principalmente, y autónomo, el encargado principalmente de los movimientos reflejos, entre otras funciones. Pero, además, las neuronas situadas en el aparato digestivo «pueden funcionar de manera independiente» del sistema nervioso central y del autónomo. Todo este sistema neuronal complejo es capaz de detectar que «algo falla en nuestra vida» y mostrarlo mediante diversos síntomas —estrés, ansiedad, etc.— que limitan nuestras capacidades y pueden llevarnos a enfermar.

Frente a estudiar este sistema complejo y reequilibrarlo en todos sus aspectos, muchos ni siquiera se lo plantean, se han convertido en autómatas del sistema y reflexionan poco sobre sí mismos y los demás, y repiten cada día los mismos automatismos de forma inconsciente. Algunos optan por mitigar el malestar mediante la sobremedicación, abuso del alcohol o sustancias o actividades lúdicas vacías con las que distraerse y llenar el tiempo y ese vacío —hay poca reflexión consciente en esos individuos—. Las actividades de distracción son buenas para distraerse, hablar, estrechar lazos, reflexionar, comunicarse, etc. —como el cine, comidas o paseos familiares o en solitario, etc.—, pero su objetivo no debe ser descargar la tensión que uno acumula. Otros acaban evadiéndose en solitario bebiendo en exceso en los bares, jugando a las máquinas de azar, recurriendo al sexo compulsivo —muchas veces con prepago—, etc. Estas formas de evadirse son nocivas y cobardes. Hay que ir a la raíz del problema y subsanarlo. Reequilibrando la mente y el cuerpo; saliendo del programa establecido y pensando libremente; siendo coherentes también con lo que sentimos y eligiendo nuestro propio camino sin contradecir lo que pienso y siento, sino haciendo cada día lo que pensamos y sentimos que debemos hacer. Solo eso nos llevará a la calma, paz interior y felicidad a nosotros y a quienes nos rodean. ¡¡¡Hay que reequilibrarse!!! En este libro encontrarás algunas técnicas. Aplícalas día a día.

1.2. Métodos paliativos en la sociedad

Aunque no se conocen perfectamente las causas de muchos trastornos en el pensamiento o emocionales, se cree que dependen de una combinación de factores biológicos, psicológicos y sociales, como sucesos estresantes, problemas familiares, enfermedades cerebrales, trastornos hereditarios o genéticos y problemas médicos.

La persona ante ese malestar interior —que no sabe gestionar— suele acudir al psicólogo, que intenta poner en «orden» su mente, pensamientos y emociones, o al médico (a veces existen motivos reales que hay que tratar puntual o crónicamente por la falta/exceso de ciertos neurotransmisores, hormonas, etc. que impiden el funcionamiento normal del organismo, etc.). Otras personas optan por adormecer los síntomas de ese malestar interior a base de alcohol u otras sustancias, o con comportamientos inapropiados y que acaban por perjudicarles, generando —en ciertos casos— un comportamiento adictivo por el abuso de ansiolíticos, antidepresivos, alcohol, juego, sexo, otras sustancias, etc.

1.2.1. Tratamiento psicológico

El tratamiento psicológico pretende favorecer el desarrollo de las capacidades intrínsecas de cada persona, dotándolas de nuevos recursos personales o utilizando los que ya tienen, pero que no han identificado o no saben cómo aplicar, con la premisa de que, a la finalización del tratamiento psicológico, las personas sean autónomas e independientes para gestionar y solucionar las dificultades que vayan surgiendo y le ayuden a mejorar su calidad de vida y bienestar psicológico en las diferentes áreas de su vida —personal, de pareja, familiar, laboral, social…—, integrando conductas, estados afectivos o sentimientos y procesos de pensamiento.

Además, existen distintas ramas en psicología que abordan la cuestión desde distintos puntos de vista: la Gestalt, control conductual y hábitos, tratamientos de traumas, ahondar en el subconsciente para ir atrás en el tiempo, etc.

El método integral es más práctico, engloba al ser humano como un todo indivisible y se centra en el hoy —el presente— que es sobre lo que tenemos control. Entenderlo y comprendernos para pensar y actuar mejor y desde ahí tener el poder de crear nuestro propio futuro. Como diría Shakespeare: «El pasado no existe y el futuro es incierto». Solo nos queda vivir el presente y tratar que nuestros pensamientos y actos nos provoquen una mayor felicidad día a día. Es de lo único que podemos estar seguros. Aun haciéndolo así, tal vez en la mayoría de los casos construyamos un mejor futuro. Si en alguna ocasión no fuera así, siempre nos queda el estoicismo. Como diría Marco Aurelio: «Solo somos dueños de lo que pensamos y sentimos ahora». Si por desgracia en el futuro algo marcha mal, por lo menos habremos hecho cosas y nos habremos esforzado por controlarlo, que no es poco. Eso ya es una victoria. Mantente impasible ante los acontecimientos y tu mente lúcida, abierta y… sobre todo… en calma. Si haces todo lo que puedes hacer y más, una y otra vez, a pesar de los golpes que la vida te dará y jamás te rindes, siempre estarás avanzando. Y de eso se trata: nunca darse por vencido.

1.2.2. Tratamiento médico. Fármacos

En medicina, tratamiento o terapia (del latín *therapīa*, y este a su vez del griego clásico θερ πεία 'terapia', 'cuidado', 'tratamiento médico', derivado de θεραπεύω) es el conjunto de medios —higiénicos, farmacológicos, quirúrgicos u otros— cuya finalidad es la curación o el alivio (paliación) de las enfermedades o síntomas. Es un tipo de juicio clínico. Son sinónimos: terapia, terapéutico, cura, método curativo.

Existen muchos tipos de tratamientos médicos: farmacoterapia —o tratamiento con medicamentos—, fisioterapia, hidroterapia, logopedia, ortopedia, prótesis, psicoterapia, quimioterapia, radioterapia, rehabilitación, reposo, sueroterapia, etc. Pero todos ellos adolecen, en la actualidad, de tratar al ser humano como «una máquina compuesta de órganos» que han de funcionar adecuadamente y en equilibrio. Tratan de alguna manera al ser humano como un objeto («complicada pieza de relojería»), olvidando que un ser humano no es un objeto. Hay que tratarlo con dignidad y abordar su malestar no desde obsoletas visiones reduccionistas —salvo ciertos casos donde están identificados perfectamente la enfermedad y los órganos afectados—, sino desde una vertiente más humanista y multidisciplinar donde el ser humano adquiera el conocimiento de ciertos trastornos y pueda recuperar y mantener su equilibrio (hablo de pensamientos y emociones, entre otros, donde no exista una causa médica de base). El ser humano puede en estos casos recuperarse a sí mismo y reequilibrarse.

En esta sociedad, la inmensa mayoría acude cada mañana al baño a tomar un medicamento que le han recetado. En el año 2000, solo el 8 % de la población de EE. UU. tomaba cinco o más medicamentos recetados por el médico, pero al cabo de veinte años esta cifra se ha duplicado con creces. Somos la sociedad más medicalizada de la historia, pero cuando lleguemos a 2050 todos tomarán algún medicamento recetado.

La columna de la industria farmacéutica está formada por las «3 D» (depresión, diabetes y demencia). Su negocio no está en curar, sino en mantener las enfermedades como crónicas y tener las ventas aseguradas cada mes. Pero las industrias farmacéuticas quisieron ganar más dinero y en lugar de medicar las enfermedades existentes, medicarían el estilo de vida moderno en sí. Reinventarían las enfermedades mediante la catalogación de ansiedades y neurosis confusas de la vida moderna como síndromes médicos, etc. Así, de hecho, hemos llegado a tener más enfermedades que hace cincuenta años «por arte de magia». Habría mucho que hablar aquí de esto; si no hay enfermedades las inventamos o creamos medicamentos como medida preventiva de padecer tal o cual enfermedad. Por ejemplo, se receta ante un infarto, entre otros fármacos, la estamina para bajar los niveles de colesterol. Sin embargo, no sabemos con quién funciona; pudiera ser el 5 % y el resto lo estaría tomando inútilmente toda la vida. Pero hay una cosa que está clara, si alguien sale ganando es la industria farmacéutica. Finalmente, la estamina se receta ampliamente —y de forma preventiva— para controlar los niveles de colesterol, como si añadiésemos siempre un descalcificador al motor del coche para evitar las acumulaciones de cal en los conductos. Creación de nuevas enfermedades que ha producido nuestro estilo de vida —y que realmente no lo son— y que podrían tratarse sin medicamentos, medicación preventiva, modificación de fórmulas en los medicamentos para evitar la caducidad de patente y seguir teniendo el monopolio, etc. Esto es solo un ejemplo de la enorme manipulación que ejerce su negocio —vender medicamentos—.

1.2.3. Automedicación y abuso de sustancias o conductas

Ese malestar y vacío interior que sentimos en nuestra vida, restándonos energía e ilusión y autolimitando nuestras capacidades, tiene su origen en la ignorancia («origen de todos los males») de nosotros mismos —de nuestro autoconocimiento— y en la desorganización que se ha generado en el organismo —mente, emociones, cuerpo— y que nadie nos ha enseñado a manejar adecuadamente porque no interesa una sociedad de ciudadanos libres, sino de ciudadanos manipulables; lo que vemos hacer a los demás o en los medios de comunicación creemos que es lo correcto, cuando la verdad es que lo inteligente es seguir tu propio camino, no un camino marcado por otros. A veces es difícil soportar situaciones de injusticia laboral o personal, el estrés, la ansiedad, etc., y se acaba en malos hábitos para mitigar ese malestar interior que a veces nos atrapan en una adicción. Es difícil, pero no imposible, salir de esa adicción; este libro te indica algunas pautas (anexo I).

La sociedad nos da información —sobre muchas cosas, pero pocos tratan el desarrollo integral del ser humano— y nos limitamos a seguir como títeres sus dictámenes en un camino elegido por ella y sus dirigentes —ya se ocupan de limitar el pensamiento crítico, infantilizarnos, saturarnos de ocio e información sesgada, etc.—, marcándonos la senda que les interesa. Y nosotros persiguiendo siempre ese «falso éxito» nunca plenamente alcanzable que nos «han vendido», ya que suele basarse en el exterior —posesiones, poder, dinero, etc.—, pero nunca acaba por llenar. Si queremos llegar a conocernos a nosotros mismos debemos actuar en consecuencia, eligiendo nuestra propia forma de vivir, siendo libres para pensar y elegir qué queremos de verdad y actuando en consecuencia. Así seremos felices y podremos hacer felices a quienes nos rodean; ese es el verdadero éxito.

Frente a estudiar este sistema complejo y reequilibrarlo en todos sus aspectos, muchos optan por mitigar el malestar mediante la sobremedicación, el abuso del alcohol u otras sustancias, o actividades lúdicas vacías —juegos de azar, sexo compulsivo, etc.— con las que distraerse y llenar el tiempo y ese vacío. Las actividades de distracción son buenas para descargar la tensión, pero no solo para eso. Sirven para reflexionar, aprender y relacionarse con los demás y disfrutar —cine, comidas o paseos familiares o en solitario, etc.—. Camino sin contradecir lo que pienso y siento, sino haciendo cada día lo que pensamos y sentimos que debemos hacer. Solo eso nos llevará a la calma, paz interior y felicidad a nosotros y a quienes nos rodean. Hay que requebrarse. ¡¡¡En este libro encontrarás algunas técnicas!!! Aplícalas.

Si ahora piensas que ese desequilibrio interior te ha llevado al consumo abusivo de medicación —ansiolíticos, antidepresivos, etc.— o al abuso de alcohol u otras sustancias o hábitos nocivos para ocultar ese malestar, puedes pasar directamente al anexo I para dejar tu adicción a lo que sea. Y tras un tiempo de abstinencia, tu mente se aclarará y podrás retomar y sacar más partido de los siguientes capítulos del libro. En caso contrario, ya puedes empezar tu proceso de cambio. Hasta ahora has mirado la realidad y a ti mismo desde un cristal borroso y distorsionado; es hora de limpiarlo y sacar tu grandeza interior, vivir una vida más consciente, plena y feliz para ti y quienes te rodean.

2. El método integral

*De la grandeza de los individuos depende
la grandeza de los pueblos.*

José Martí

El pasado ya no existe, solo tienes el presente para actuar desde ahora y lo que hagas acabará con tu vida alienante y la falta de conciencia y de pensamiento crítico. Y lo que hagas ahora, finalmente, determinará tu crecimiento personal y serás mejor persona que antes. Estoy convencido. Y te invito a que me acompañes en los siguientes capítulos del libro.

El método integral parte de la base de que somos —como ser humano— un sistema complejo (teoría de la complejidad de sistemas) y también tiene su base en la teoría del caos y en la termodinámica. También incluye conocimientos aplicados de psicología, medicina, etc.

La teoría de la complejidad de sistemas establece que un sistema es complejo, no como algo difícil de entender, sino que lo es por sus múltiples partes que lo componen y sus interrelaciones, lo cual da lugar a relaciones no lineales, a la autoorganización y propiedades emergentes, entre otras. Según se produzca el entrelazado de relaciones entre sus componentes y la función de estas, tendremos orden o desorden. Lo que puede mantener al ser humano en el orden como sistema es el resultado del conocimiento integral del mismo —partes y relaciones—, la capacidad de autoorganización y adaptación. Para llegar a esa situación de sistema óptimamente organizado, debemos conocerlo en profundidad y, con nuestro conocimiento de su funcionamiento y la «intención» y determinación que tengamos, llevarlo a la organización que nos interesa. Es decir, poder controlar su comportamiento emergente una y otra vez para obtener nuestro objetivo deseado: autocontrol y ser dueños de nosotros mismos —pensamientos, emociones y acciones—.

La teoría del caos implica que existen sistemas «estables» donde un pequeño cambio en una de sus partes los puede hacer inestables o producir un cambio radical que modifique su función y organización. De ahí el llamado «efecto mariposa», que establece que el aleteo de una mariposa en Nueva York, por ejemplo, podría provocar un huracán en Pekín. De ahí que existan sistemas que funcionen «perfectamente» y una pequeña variación en alguna variable produzca una reacción no lineal, impredecible y que acabe con su propia organización. De ahí se deriva la posible fragilidad de muchos sistemas que pueden tender a ser caóticos. Para evitarlo, es necesario conocer los sistemas en profundidad —cada una de sus partes e interrelaciones— y mantenerlas en los márgenes deseados para obtener el equilibrio en el tiempo y que funcionen como deseamos. Por ejemplo, en un adicto al alcohol, una sola copa puede descontrolar su mente y llevarlo a un estado de desequilibrio total —intoxicación etílica, pérdida de dinero, agresividad, o incluso parada cardiaca y muerte—. Tenderá al caos en su vida. El sistema interior se ha desestabilizado hasta un punto que ya no se comporta de forma controlada; en alguien que no haya tenido esa adicción, su cuerpo y mente responderán de forma diferente y más estable.

La termodinámica afirma que todo sistema «tiende al desorden y a la no actividad» (equilibrio). Los seres humanos parecemos una excepción, ya que podemos autoorganizarnos y tender a un orden y equilibrio más complejo. Nuestro orden reside en el ADN, que indica cómo se construirá un organismo complejo. Luego tenemos la autoconciencia y la capacidad de aprender los hábitos y acciones que permiten mantener ese equilibrio organizado. Tenemos la capacidad de decidir si nos construimos o destruimos. Tú también la tienes. ¿Qué vas a decidir?

Por ejemplo, las moléculas de gas en una caja están ordenadas, pero si las dejamos salir tenderán al desorden —según afirma la termodinámica—. Pero si de nuevo las comprimimos y las llevamos a una jeringa, mediante la acción del émbolo las podemos de nuevo ordenar. Ese émbolo debe ser tu intención, pensamiento, conciencia y acción de llevarte a ti mismo a la situación de autoorganización que te interese. La ciencia ha demostrado que, si uno quiere, puede cambiar su forma de pensar y actuar —uno se va haciendo poco a poco—. Lo importante no es tanto dónde estás, sino a dónde te diriges. ¡¡¡Elige qué clase de persona quieres ser y esfuérzate todos los días por avanzar en ello!!! Tú lo puedes conseguir. Pero tu primer objetivo es comprometerte «hasta el máximo» en conocerte a ti mismo de forma integral, y tener a partir de ahí el autocontrol y mejorar como persona creando una versión mejorada de ti mismo —la que ya tienes en tu interior y desarrollar desde ahí todo tu potencial—. Luego podrás seguir avanzando hasta límites que ni imaginas…

Yo tengo una dimensión espiritual que me ayuda a afrontar las adversidades y reinterpretarlas. Yo no concibo un Dios que nos envíe acontecimientos adversos para dañarnos. Concibo un Dios todo amor y bondadoso. Y cuando algo malo ocurre en nuestras vidas es para algo. Para que aprendamos a aceptarlas, aprender de ellas e intentar superarlas. Todo ello para ir creciendo como ser humano. Dios nos pone pruebas para que nos esforcemos y las superemos. Y seamos cada vez mejores.

Aunque hayas entendido todo lo anterior y lo tengas claro, debes conseguir mantenerte allí. Y aunque no compartas conmigo esa dimensión espiritual, no importa. También te vale a ti cambiar de perspectiva y reinterpretar la realidad. Cada dificultad o adversidad que encuentres en el camino es una oportunidad de aprender, enfrentarla y crecer en esta vida con sabiduría. Si quieres vivir feliz y plenamente, debes controlar tus pensamientos y tu estado de conciencia, controlar el equilibrio de ti mismo y evitar cualquier cosa que te altere y no te permita ver las cosas claramente. Hacerlo día a día (24 h) hasta que se convierta en tu forma natural de ser.

En el método integral que se describe en este libro hallarás las herramientas y el conocimiento para abordar tu persona desde distintos prismas y de forma integral. Su conocimiento y aplicación te permitirán dominar tu vida. Ese será tu punto de apoyo para luego alcanzar nuevas metas. Pero como diría Frank Sinatra: «Alguien que no se tiene a sí mismo no tiene nada».

3. Plantearse un objetivo y comprometerse

No hay mente más potente que aquella que
desarrolla una idea en su mente.

Víctor Hugo

Es la pieza fundamental: la motivación, la ilusión de que puede existir una vida mejor y tomar las riendas y el control en el presente hasta alcanzarla. Esto requiere de esfuerzo, sacrificio y mucho, mucho compromiso. Te vas a comprometer de verdad. Esto no admite medias tintas: un 30 %, un 50 %, un 80 %... El compromiso ha de ser del 100 %. Total.

Para alcanzarlo hay dos etapas básicas:

- La primera es la ilusión de tener una nueva vida y sacar lo mejor de ti; ese es el impulso que te anima y estimula. ¡¡¡Y creer de verdad que eso es posible!!!
- La segunda es que, para alcanzarlo, has de dejar atrás el lastre que te impedía alcanzarlo. En el foco está dejar el comportamiento automático que esta sociedad ha incrustado en ti, tu mente, limitaciones inconscientes, sentimientos y formas de relacionarte con los demás. No te ha llenado totalmente y sientes ese vacío interior y dificultades en ser tú mismo, ya que has seguido la senda marcada por otros, y que tantos problemas te ha ocasionado y te ha impedido desarrollar tu potencial. A partir

de ahora, has de ser más consciente y crítico, creativo, no dejarte manipular, desarrollar tu propio punto de vista, respetando a los demás, etc. Y también para alcanzar el objetivo de cambio definitivo —y no solo temporal— tendrás que adquirir valores, nuevos hábitos de pensamiento y técnicas para gestionar las emociones negativas.

Si estás dispuesto a cambiar integralmente y sacar lo mejor de ti, este libro te guiará. Pero solo si aplicas lo aprendido con compromiso total y determinación lo conseguirás. Empezarás y acabarás aplicando sus técnicas día a día integrándolas en tu personalidad y no solo te ayudarán a dejar de comportarte como alguien alineado por la sociedad, sino a ser mejor persona. Y tendrás el poder de ser tú mismo, no aquel papel que te plantea la sociedad.

El título de este capítulo es «Plantearse un objetivo y comprometerse». El primer objetivo es conocerte de una vez en todos tus ámbitos (pensamiento sistémico). Pero eso no se consigue en un solo paso, sino poco a poco, perseverando, levantándose una vez más de las que uno fracasa, con disciplina, ilusión y fe en que lo conseguirás. En los diferentes capítulos que siguen, se plantearán cuestiones que debes comprender, interiorizar y aplicar día a día, las 24 h. Es decir, compromiso total —100 %— en crecer y cambiar a mejor.

Al principio te costará, pero poco a poco se convertirá en una nueva forma de ser —tu verdadero yo oculto tras capas de creencias incrustadas en tu subconsciente, hábitos de pensar y sentir dañinos, etc.—; dejarás atrás la ansiedad y el estrés, y serás mejor persona. Lograrás verte de verdad a ti mismo —tu auténtico yo—, a los demás y al mundo que te rodea desde una nueva perspectiva más clara, crítica, objetiva y libre. Serás dueño de tu destino. Abandonarás viejos hábitos que luego te permitirán plantearte y lograr mejores objetivos. Pero centrémonos en el presente. Una vez comprometido en mejorar y apliques las técnicas —es-to aumentará tu autoestima y verás que puedes—, ya no te costará esfuerzo, te habrás transformado en lo mejor de ti y serás más libre y mejor en todos los aspectos.

Si la insatisfacción en tu vida te ha llevado a abusar de fármacos, alcohol, otras sustancias o hábitos perniciosos donde refugiarte y limitar ese malestar interno, ahora serás capaz de enfrentarte a las dificultades cara a cara. Y verás cómo el éxito y el fracaso son las dos caras del mismo impostor. El éxito está en tu desarrollo interior. Entonces, tu mente se amplía y estás en disposición de entender los conceptos subsiguientes y aplicarlos. «La vida pagará cualquier precio que tú pidas». Si apuntas bajo y aciertas es lo peor que te puede pasar. Apunta alto. ¡¡¡Y crece como persona!!! Demuéstrate lo que vales. ¡¡¡La grandeza que hay en ti!!!

4. Adquirir valores positivos que dirijan tu vida

Los valores son la brújula que te dirige en esta sociedad cambiante y llena de incertidumbre.

Luis Alonso Puig

En una vida tan compleja y cambiante como la actual, necesitamos algo que nos dirija desde nuestro corazón y actitud frente a los demás y el mundo. Es algo que debemos interiorizar y asumir como motor fundamental de nuestra forma de pensar, sentir y de nuestra conducta, que nos hará mejores; no importa lo que pase a nuestro alrededor siempre que nos apoyaremos en ellos. Es algo que debe formar parte de nosotros y que nos ayudará a ser más felices y hacer felices a quienes nos rodean.

Los valores los adquirimos en nuestra infancia y juventud —a través de la familia y amigos—, y con el tiempo los vamos interiorizando y también adquiriendo otros nuevos. Algunos son intrínsecos a la naturaleza humana; nacemos con ellos, y por eso valoramos desde pequeños ciertos comportamientos como buenos o malos —sin saber el porqué—. Están en nuestra esencia. Otros los aprendemos en nuestro entorno: familia, amigos, escuela, sociedad, etc. Hay que distinguir aquellos que nos perjudican y los que son beneficiosos para nosotros y el mundo que nos rodea. Aquí va una lista de valores positivos que has de entender e integrar en tu ser —es el primer paso del método: adquirir valores positivos—:

- **Empatía:** La cualidad de ser capaz de ponernos en la piel de otro ser humano y comprender las razones de quienes nos rodean.
- **Responsabilidad:** Hay que hacerse responsable de lo que se dice y hace.
- **Solidaridad:** Consiste en ser capaz de realizar esfuerzos de manera altruista para ayudar a quienes más lo necesitan, luchando por la dignidad de todas las personas.
- **Voluntad:** Hay que tener voluntad y esforzarse (comprometerse) con nuestras ideas y principios; todo lo que merece la pena exige sacrificio.
- **Respeto:** Respetar a nuestra familia, a nuestros amigos y amigas, a quienes no conocemos, a culturas que nos parecen distintas, a quienes son diferentes... Genera un ambiente de comunicación y de paz.
- **Honestidad:** La honestidad implica sinceridad. Encontrar un futuro con personas honestas garantiza verdad, respeto, franqueza y libertad.
- **Gratitud:** Todos los días hay que sentirse agradecido por vivir, por las cosas que tenemos, aunque solo sea una mente, un cuerpo y un mundo por explorar. Tan solo un techo y comida diaria son motivos de gratitud mayor. Si tenemos además salud, familia, amigos, etc., hay que ser agradecidos a ese poder superior por darnos la oportunidad de existir —y vivir—. «No es más feliz el que más tiene, sino el que menos necesita». Agradece el estar vivo.
- **Tolerancia:** Hay que entender que de nosotros solo dependen nuestros pensamientos y actos, y debemos respetar a los demás.

- **Amor:** Actuar con amor ante cualquier circunstancia, con cualquier persona o con lo que nos rodea, significa actuar de manera bondadosa.
- **Perdón:** Hay que aprender a perdonarse a uno mismo y los demás por los errores o cosas que se han dicho o hecho.
- **Compasión:** Que no significa lástima por los demás; es entenderlos y ayudarles en aquello que podamos.

Los valores memorízalos, interiorízalos, son esa brújula que nos dirige en este mundo cambiante. Hazlos tuyos y aplícalos y respétalos siempre en todo lo que pienses, digas o hagas. No pienses solo en lo que a ti te beneficia, sino también en lo que beneficia a los demás.

5. Serenar la mente. Meditación

*He descubierto que una de las incapacidades
del ser humano, es mantenerse solo en
una habitación.*

Blaise Pascal

Nosotros estamos determinados, en parte, por los genes, pero hay una parte —la mental— que podemos cambiar. Se ha demostrado que ciertos pensamientos, aprendizajes y hábitos modifican las estructuras cerebrales, generando nuevas conexiones entre las neuronas mediante nuevas ramificaciones de dendritas que modifican realmente cómo funciona el cerebro. Como decía Ramón y Cajal: «Todo hombre, si se lo propone, puede ser escultor de su propio cerebro». Además, desde una nueva rama de la ciencia denominada «epigénetica», también se ha demostrado cómo ciertos pensamientos pueden anular la expresión de ciertos genes y activar otros. Por si esto fuera poco, en el cerebro las células madre neurales adultas se diferencian en nuevas neuronas dentro de la zona subventricular adulta (ZSV), un remanente del neuroepitelio germinal embrionario, así como el giro dentado del hipocampo produciendo nuevas neuronas. En conclusión, tenemos la opción de cambiar nuestro cerebro si nos lo proponemos realmente.

Ahora puede ser que te agobie ese vacío interior que a veces sientes, tengas momentos de ansiedad y estrés, o, tal vez, elementos de culpa, de fracaso, de frustración, de profundo dolor y miedo al futuro. Lo primero que hay que hacer es eliminar esos pensamientos y tener la mente en calma —vaciar la mente de pensamientos—, y desde ese estado libre, buscar un interior de paz y tranquilidad. Posteriormente, empezar a construirte y poder elegir libremente lo que te interesa pensar y sentir. E iniciar este nuevo camino para sacar lo mejor que hay en ti. El pasado no nos determina, solo nos informa. Pero no me cansaré de repetir que se requiere firme determinación para conseguirlo e integrarlo en la nueva vida que quieres. Saca la grandeza que llevas dentro y aplícate con el estudio y las prácticas que encontrarás en este libro.

Cree en ti y tus capacidades. Lo conseguirás, inténtalo y verás como todo cambia. Date una oportunidad y aprovecha tu vida. Si solo lo lees —y no lo aplicas cotidianamente—, si sigues haciendo lo de siempre —en tu mente, emociones y hábitos—, obtendrás los mismos resultados... Por muy mal que estés ahora, por lo menos eres capaz de leer y entender lo que te estoy explicando. Eso significa que tu cerebro todavía funciona y deseas cambiar. ¿Te vas a arriesgar a poder desperdiciar tu vida o prefieres una vida mejor, donde te conozcas en profundidad y puedas controlar tus mecanismos internos?

La meditación es una práctica oriental en la que son muchos los beneficios que aporta para el bienestar mental y emocional. Ya sea para calmar la mente, para encontrarse a uno mismo o para reducir la ansiedad o el estrés, cada vez hay más gente interesada en introducir esta práctica en su vida diaria, mejorando su calidad de vida.

Pero meditar no siempre es fácil, especialmente al inicio, pues requiere disciplina y práctica para su perfección. Y por mucho que aparentemente no sea muy demandante físicamente, también exige esfuerzo. Pero no es nada complicado y tú podrás hacerlo.

Los beneficios de la meditación

- Mitiga los efectos del estrés.
- Afecta positivamente al sistema inmunológico.
- Mejora la capacidad de atención y concentración.
- Es útil para empatizar con los demás.
- Aumenta la tolerancia al dolor.
- Mejora la memoria y las funciones cognitivas.
- Potencia la aparición de pensamientos positivos.

La meditación nos permite centrarnos en el aquí y el ahora, liberándonos de la tormenta de pensamientos que genera nuestra mente. Sin serenidad y autocontrol mental eres como un buceador que está en la superficie de un mar agitado y se mueve sin control al vaivén del oleaje. Con la meditación es como si nos sumergiéramos y viéramos pasar las olas —los pensamientos— por encima sin que nos afecten y nos centráramos en algo concreto —la postura, la respiración, un objeto, etc.—, y, finalmente, en nosotros mismos, en nuestra esencia interior, en nuestro potencial. Abandonamos el ego —sentirnos separados de los demás— y lo sustituimos por el nosotros —tú, los demás, la vida y el universo; todo está interrelacionado—. Los pensamientos seguirán surgiendo, pero los dejamos pasar, sin catalogarlos ni dejándonos arrastrar por ellos, y llegando una y otra vez a ese algo concreto que hemos elegido, por ejemplo, la respiración y la posición vertical de la columna.

Pasos para aprender a meditar

La clave para desarrollar el hábito de la meditación es encontrar el momento perfecto para ti y el tipo de meditación y la postura que encaja contigo.

Pero debes saber que para superar las resistencias que a veces puedes encontrar durante el proceso meditativo, seguir adelante con la práctica es lo que realmente te hace mejorar. Puedes seguir estas simples pautas:

Ponte ropa cómoda. Lo primero que debes hacer para meditar y estar en el aquí y el ahora es llevar ropa cómoda. Quitarse los zapatos y elegir una prenda de vestir ancha es la mejor alternativa para sentirte listo para meditar. Olvídate de prendas ajustadas y quítate el reloj u otros complementos que puedan ser molestos.

Busca un lugar tranquilo. Es necesario encontrar un lugar que te permita estar relajado y sin interrupciones ni interferencias. Puede ser la habitación de tu casa, la orilla del mar o tu jardín... Cualquier lugar es bueno si te permite estar cómodo y centrado, totalmente inmerso en la actividad que vas a iniciar.

Siéntate de manera correcta o túmbate. Si utilizas la postura de estar sentado, esto ha de realizarse de manera correcta, es decir, en el suelo con la espalda recta, pero sin tensiones, respirando hondo —as-pirando por la nariz, manteniendo el aire unos segundos— varias veces (5 o 10 bastarán) para empezar, y concentra tu atención en la respiración; si otro pensamiento te invade, «déjalo pasar» sin juzgarlo. Céntrate en la respiración y en la posición de la columna, que ha de ser recta.

Manteniendo los hombros y brazos relajados. Algunas personas prefieren sentarse en una silla o de rodillas en vez de la clásica postura, y también existe la meditación tumbada. Sea cual sea la posición que adoptes, la espalda siempre debe estar recta y el cuerpo, especialmente los hombros y brazos, relajados. En este caso, durante la meditación te centras en la posición de tu espalda y la respiración, dejando pasar los pensamientos que surgirán y volviendo tu atención a la espalda y la respiración.

Céntrate en algo físico (el presente): tu respiración y verticalidad de la columna. Céntrate en la respiración —por ejemplo, inspira lentamente por la nariz hasta llevar el aire a la región abdominal—, en realidad hasta forzando algo el diafragma, ya que el aire, como es lógico, se queda en los pulmones. Mantén el aire allí unos segundos y luego suéltalo suavemente (haz esto 5 o 10 veces). Y tu mente no se vacía de pensamientos, pero la has focalizado en la respiración. También, y simultáneamente, puedes centrarte en mantener la posición vertical de la columna. Cuando un pensamiento entre en tu mente, tú vuelve a centrarte en tu respiración y columna.

Acepta los pensamientos que surgen (déjalos pasar) y vuelve a centrarte en la respiración y verticalidad de la columna. Es habitual que, durante la práctica de la meditación, surjan distintos pensamientos: nuestros problemas personales, etc. Hay que dejarlos pasar sin juzgarlos ni dejarte arrastrar por ellos.

La mente genera automáticamente los pensamientos, emociones y sensaciones corporales. No hay que intentar eliminarlos ni modificarlos, simplemente hay que observarlos de manera no enjuiciadora. Por tanto, cuando aparezcan estos pensamientos, simplemente hay que aceptarlos, dejarlos pasar —sin implicarte—

y después vuelve a centrar la atención en el objeto, la respiración y la posición vertical de la columna —por ejemplo—.

Este ejercicio no solo te dará calma, sino que ayuda a controlar y focalizarte en lo que quieres pensar. Paulatinamente tendrás más control y desconectarás «esa jaula de grillos» que es una mente descontrolada. Y podrás elegir en qué pensar (capítulo 6).

Aumenta tu tiempo de meditación de forma progresiva. Cuando te inicias en la meditación, debes empezar poco a poco para luego ir aumentando el tiempo.

Rutina diaria. Debes practicar diariamente, empezar aunque solo sean 5 minutos; el tiempo requerido depende de cada persona: disciplina, capacidad de concentración, estado inicial del que parte, etc. Pero no te desanimes, inténtalo aunque solo sean unos instantes al principio. Estos minutos —quizá 3, 5, 10 o 20, según los casos y capacidad del individuo— pueden ser una vez al día o aprovechar cualquier situación —en transporte público, caminando, en el despacho, etc.—. Cuantas más veces lo apliques diariamente, mejor. Te permitirá alcanzar mayor calma interior. Yo los suelo hacer unos 5 minutos al levantarme por las mañanas y 5 minutos por la tarde antes de empezar. Luego tomo un café para «ponerme en acción». Pero cada persona es un mundo; escoge tu duración, momento, etc., lo que mejor te vaya a ti.

Toma conciencia de ti mismo. Eres el observador de lo que pasa y tú decides en qué focalizarte. Donde pongas el foco, allí estarás tú. Respiración y columna una y otra vez. Esto te permitirá no solo aumentar tu capacidad de concentración, sino que te dará calma y serenidad (5 o 10 minutos bastarían). Luego podrás centrarte y elegir mejor en qué pensar.

La mente no puede dejar de generar pensamientos, que nos llevan aquí y allá descentrándonos en ocasiones y, generalmente, llevándonos al pasado —para lamentarnos— y al futuro —para preocuparnos—. Hay que traerla al aquí y al ahora. No podemos frenar ese torrente de pensamientos, pero sí tenemos el poder de no implicarnos. Manteniéndonos como meros observadores, sin juzgarlos, dejándolos pasar. ¿Cómo se hace eso? Una técnica está en concentrarte en tu respiración y la posición vertical de tu columna. Cada vez que un pensamiento quiera atraparte, vuelve a tu respiración y columna.

6. Gestionar los pensamientos

El ser humano crea pensamientos, pero vive en sus creencias, que tienen un enorme impacto sobre lo que pensamos y hacemos —a veces para mal, ya que muchas creencias son limitantes—.

Nosotros no vivimos en la realidad, sino en representaciones (mentales) de ella. Somos y vivimos en lo que creemos que somos y en la realidad que imaginamos y construimos mentalmente en el cerebro, encerrado en una masa ósea (el cráneo), a partir de la información de nuestros sentidos —que es limitada— y experiencias y modelos anteriores que ya hemos construido y que el cerebro intenta encajar en lo que percibe.

Otro elemento que interfiere en lo que pensamos y creemos que somos capaces de hacer o no está incrustado a nivel del subconsciente. Son las creencias que están sutilmente en nuestra vida diaria y que, en parte, nos gobiernan. Las creencias tienen su origen en el pasado; tal vez tu padre, profesor u otro te dijo que no tienes talento, voluntad, que nunca llegarías a nada o que careces de disciplina, etc. Y esa creencia quedó ahí incrustada y gobierna tus pensamientos y tu forma de ver el mundo.

¿Cómo que no vales? Tú vales muchísimo, eres una persona completa y capaz. Olvida las creencias limitantes sobre ti y sustitúyelas por otras más positivas: soy una persona valiosa; sé enfrentarme a los retos; tengo disciplina; sé buscar soluciones y aplicarlas; soy creativo e inteligente; soy sensible y comunicativo; puedo conseguir lo que desee si me comprometo de verdad a ello; tengo voluntad, perseverancia y capacidad de esfuerzo y sacrificio, etc. Interioriza estas creencias positivas y que sustituyan a las limitantes, que ya te han perjudicado demasiado. Y no valen nada, solo te perjudican a nivel subconsciente a sacar lo mejor de ti mismo. Elimínalas y crea —de verdad y profundamente— una nueva imagen de ti y tu potencial.

También puede que tengas creencias limitantes sobre el mundo que te rodea: es hostil, la gente quiere engañarme, no hay nada bello en la vida, solo hay lucha y competición. Sustitúyelas por una imagen del mundo más favorable: el mundo es maravilloso, está ahí para que lo disfrute y viva en él, me dará lo que necesito si me esfuerzo, y deseo compartir mi felicidad y mis experiencias con los demás.

Esa llama interna de lo que tú vales, ya estaba allí, pero las creencias limitantes la ocultaban. Sustituyéndolas por las nuevas creencias positivas sobre ti mismo y el mundo, le habrás dado «combustible» a la llama interna, que crecerá. Tu luz interna te iluminará a ti y a quienes te rodean.

La mente es el cerebro en acción y por su estructura no es capaz de frenar ese torrente de ideas, conceptos, recuerdos, soluciones, problemas, etc. Y lo peor de ello es que, generalmente, se refieren al pasado —que ya no podemos cambiar y lo hacen, en general, para lamentarnos y culpabilizarnos— o al futuro —por lo general creando amenazas y problemas que en la mayoría de los casos son un mero producto mental y jamás se producen, pero nos generan sentimientos de ansiedad y estrés—. Debemos centrarnos en el presente, en el aquí y ahora, en lo que podemos hacer y hacerlo. Nuestro poder está en focalizar la mente de forma positiva y seleccionar o elegir aquellos pensamientos útiles y positivos. Y ponerlos en práctica.

El cerebro no cesa de generar pensamientos. Existen dos redes neuronales asociadas a esto: la red neuronal por defecto y la red ejecutiva central. La red neuronal por defecto es la que genera pensamientos de forma espontánea —sin control—, generalmente asociados al pasado, para lamentarnos, o al futuro, para preocuparnos. Un hombre que divaga es infeliz y jamás estará centrado. La red ejecutiva central se centra en el presente y podemos focalizar nuestra atención en lo que queremos. De ahí la importancia de la meditación, dejar pasar los pensamientos que se generan de forma automática —sin enjuiciarlos, ni valorarlos— y centrarnos (entrenarnos) en dirigir la atención al presente, al cuerpo físico. La respiración y la columna vertebral recta. Esto en silencio y practicado todos los días nos ayuda a saber focalizarnos.

Aquí entra en acción la técnica de meditación que vimos en el capítulo 5. No se trata de evitar los pensamientos —eso es imposible—, sino dejarlos pasar sin enjuiciarlos y enfocándonos en algo físico —como la respiración y la postura de la columna, por ejemplo— y esto nos dará tranquilidad y paz. Y tras unos minutos de meditación, tendremos más libertad para elegir en qué pensamos. Si surge un pensamiento inadecuado y negativo, no lo podemos eliminar diciendo «no quiero pensar en eso», ya que entonces es cuando pensamos en él. La técnica consiste en sustituirlo por otro más positivo y centrarnos en él. En ese momento, el pensamiento negativo perderá fuerza y desaparecerá. Por ejemplo, si nos dicen que hay un elefante rosa en la habitación y luego que dejemos de pensar en él, en nuestra mente seguirá el elefante rosa en la habitación. Debemos realmente imaginar o pensar en otra cosa para que desaparezca. Cambia de estrategia y perspectiva: debemos sustituir ese pensamiento por otro. Debemos sustituir inmediatamente ese pensamiento por una alternativa, buscar otra solución, hablar con alguien del problema y buscar salidas, reinterpretar lo que está ocurriendo, o, por ejemplo, ir a casa y hacer la comida, hablar con alguien de otro tema, salir de la circunstancia y pasear con un objetivo (el paseo rápido de unos 20 minutos mínimo genera químicos antidepresivos que nos aliviarán), etc.

Hay que enfocarse en lo positivo: si piensas en que tienes problemas insolubles y no puedes con ello, no pienses en eso. No lo niegues, ya que seguirás pensando lo mismo. Sustituye en tu mente ese pensamiento por otro más positivo; tienes problemas —no los niegues—, pero piensa que tienes recursos para abordarlos y ponlos en marcha. Márcate una estrategia y si son insolubles, acéptalos. Y piensa en otra cosa más positiva, lo que vales, los éxitos y momentos de felicidad que has tenido en el pasado. Sitúate en el presente y piensa y actúa en consecuencia y en positivo. Haz algo y actúa, potenciando el pensamiento positivo. Por pequeño que sea ese acto. ¿Qué es lo mínimo que puedes hacer ahora para mejorar tu situación? ¡¡¡Pues hazlo!!!

Si piensas que no eres capaz de algo, sustituye tu pensamiento. En que tú sí puedes y que, buscando, pensando, documentándote, etc., podrás con ello. Esfuérzate, disciplínate y aplícalo para sacar lo mejor de ti; tú tienes grandeza interior, sácala al exterior. Piensa siempre en grande, nada puede contigo; genera esos pensamientos ilusionantes y céntrate en ellos. Y, adicionalmente, centrarnos en el presente, el aquí y ahora, en lo que puedes pensar y hacer hoy, y no vivir ni en el pasado —para lamentarnos— ni en el futuro —para angustiarnos—.

Más tarde, utilizaremos ese poder para seleccionar los pensamientos que nos lleven al presente y que podemos hacer ahora. Hay que enfocarse en los pensamientos de uno en uno, no manejar varios simultáneamente. Así, la atención será plena y la calma y paz que obtendremos, también.

Es importante también desarrollar pensamientos de gratitud hacia nosotros mismos, los demás, la naturaleza, el universo (seleccionemos al levantarnos unas cuantas cosas/personas por las que estoy agradecido). También es útil desarrollar pensamientos de generosidad, empatía, cordialidad, compasión por los demás. Y, además, abandonando el ego —que nos separa del resto—, hacer las cosas no solo por nosotros, sino también por los demás. Se ha demostrado que el cerebro es plástico y tiene la capacidad de cambiar las interacciones neuronales, generando nuevas conexiones entre las neuronas. Para que esto ocurra hay que generar nuevas pautas de pensamiento y, con el hábito y repetición, se convertirán en nuevos circuitos neuronales. Son el pensamiento y la acción quienes modifican tu cerebro.

Adicionalmente, en el hipocampo pueden llegar de 500 a 1000 células madre que se transformarán en unos veinte días en nuevas neuronas que potencian tu memoria y capacidad de pensar, lo que ampliará tu visión del mundo, tu capacidad de crear, la toma de decisiones, etc. Tú, como ser humano que eres, tienes el potencial de cambiar tu cerebro por medio del pensamiento y la acción continua coherente con ella.

Además, esto es fuente de felicidad interior si lo sientes de verdad y te comprometes. Hay tres elementos en juego: lo que crees que debes hacer (pensamiento), lo que sientes que debes hacer (corazón) y lo que haces. Si lo que piensas, sientes y haces coinciden, estás en buena dirección y te harán sentir mejor. Si no es así, te encontrarás bajo lo que se denomina disonancia cognitiva y te sentirás mal de forma subconsciente sin saber por qué (ahora sí lo sabes).

Tu poder está en la decisión de lo que eliges pensar y luego ser coherente. Está claro que en este mundo hay incertidumbre sobre muchas cosas; hay que enfrentarse a ella, no buscar formas de evasión ni ocultamiento. Esa ha de ser tu primera prioridad y, una vez te enfrentes a todo y busques soluciones en ti mismo —y a veces con ayuda de otros—, ya se abrirá un nuevo abanico de posibilidades, que bajo la evasión —juego, alcohol, sexo, sustancias, etc.— no existían; tu mente «se había estrechado».

Pese a lo mucho que creamos que algo no puede cambiar, sí puede hacerlo; el poder está en que nosotros creamos vivamente —lo deseemos desde el corazón— que podemos hacerlo, y eso nos dará energía y recursos para hacerlo: «lo que el corazón quiere, la mente se lo demuestra». Pero eso, como estamos viendo, consiste en poner en marcha nuevos mecanismos de valores, pensamientos, sentimientos, acciones, etc. Todo ello al unísono, coordinado y enfocado a un mismo objetivo —dejar la adicción— y luego habremos logrado más; ya lo verás, crecerás como persona y sacarás el diamante que llevas dentro. Si este es tu caso, lee primero el anexo I, luego continúa con el libro con una mente más clara.

Dentro del pensamiento —objeto de este capítulo—, finalmente te voy a dar una lista de cosas que te ayudarán; has de creer en ellas y aplicarlas en el día a día.

1. **Todo ocurre por un motivo y razón.** Todo puede servirnos. Estamos en esta vida para experimentar y aprender. Si has hecho o dicho algo doloroso para ti o los demás, debes perdonarte, y arrepentirte, y en lo posible reparar el daño de corazón. Sin esperar nada a cambio. Cuando algo

malo te pasa, no te preguntes el por qué, sino para qué, pues te ha ocurrido porque, en tu vida, tu espíritu necesitaba esa experiencia para aprender de ella y ser mejor. Toda acción tiene consecuencias y eso entraña un aprendizaje para ti. Y una posterior decisión. Ahora que sabes las consecuencias, ahora sí eres responsable de repetir la acción o cambiarla por otra mejor. El poder está en tu conciencia. Tú decides. Se necesita mucho compromiso, voluntad y humildad para aprender las lecciones dolorosas, levantarte y volver a empezar explorando nuevas posibilidades. Pero es la única manera de progresar y ver en lo negativo lo positivo —lo que has aprendido—.

Toda adversidad genera la semilla de un beneficio aún mayor. ¡¡¡Todo está en tu mente!!! Por dura que sea la realidad que te rodea no has de ver una tierra yerma, sino un jardín, un universo de nuevas posibilidades; explorarlas o no depende solo de ti, de tu compromiso por cambiar y aprender.

2. **No hay fracasos, solo resultados.** Si algo sale mal, eso solo significa que te has equivocado en el camino. Recapacita, cambia la estrategia y vuelve a intentarlo una y otra vez hasta obtener el resultado deseado. Dicen que Edison realizó más de mil experimentos hasta conseguir la bombilla. Alguien le comentó que había fracasado más de mil veces, a lo que él replicó: «No he fracasado mil veces; he aprendido mil combinaciones que no me llevan a la bombilla. Ahora, por fin, he encontrado una que funciona».

Los humanos han aprendido siempre de sus equivocaciones —y a veces de los errores ajenos—. Es un proceso continuo de acción y reacción. Repite lo mismo y obtendrás los mismos resultados; eso siempre es así en la adicción. Una vez introducido en el cuerpo la sustancia o comportamiento, perderemos el control y la historia se repetirá irremediablemente —esto es lo que diferencia a un adicto de alguien que no lo es—. Por ejemplo, tal vez seas un jugador ocasional de máquinas tragaperras y de vez en cuando las monedas sobrantes las introduces en la máquina y te vas. Pero si eres un adicto y, por ejemplo, tienes 1000 euros —para pasar el mes, alquiler, comida, familia, libros para los niños, etc.— y se te ocurre entrar en un bar o lugar de juego con la idea de que solo gastarás 50 euros, en el momento que gastes el primer euro tu mente se descontrola. La amígdala —órgano del cerebro que controla, entre otros, el placer, el miedo, etc.— pide más y más, y disminuye el riego cerebral especialmente en el módulo frontal, origen de la toma de decisiones. Tu mente se descontrolará y acabarás por gastártelo todo. Porque tu cerebro tiene esa estructura adictiva a esa sustancia. Lo mismo pasa con los alcohólicos (tras el vaso va la botella y luego la caja), con los cocainómanos, heroinómanos o adictos a cualquier sustancia o comportamiento —con nuestra pareja, con nuestros empleados, etc.— que una vez nos atrapó en el pasado. Y la única forma de erradicarla para siempre es no volver a caer en ella ni una sola vez y aplicar lo que te enseña este libro para reflexionar, sentir libremente, tener autocontrol, etc. Y, en definitiva, crecer como personas. Quítale hierro, no te ocurre nada; es como si fuéramos alérgicos a esas sustancias y/o acciones. No debemos probarlas jamás. Eso no debe quitarte autoestima. ¡¡¡Tú vales mucho, pero no puedes probarlo porque te perjudica!!! Todos los adictos son «alérgicos» a algo y pueden funcionar perfectamente con todas nuestras facultades si no lo prueban. Por ejemplo, todos tenemos una botella de lejía en casa y a nadie se le ocurriría beber un vaso, ¿verdad? Nadie es mejor que otro, pero ninguno toleramos la lejía. El adicto es así, igual que cualquier otro —ni mejor ni peor—, pero no tolera ciertas sustancias y/o acciones. Y no pasa nada, si jamás vuelve a probarlo será una persona plena y competente en la vida.

3. **El conocimiento.** El conocer cómo funciona nuestro cerebro influenciado por valores, objetivos, pensamientos, creencias y sentimientos. Esto es así, es un sistema complejo donde todo está entrelazado. Debemos tener valores y objetivos que nos inspiren, tener pensamientos y estrategias para llegar a los objetivos. Anular las creencias limitantes —no voy a poder, esto me supera, no valgo, nunca cambiaré, etc.— y sustituirlas por otras más positivas. Y todo ello nos permitirá sentirnos mejor. Y si nos llega una emoción negativa, lo cual puede ocurrir —dolor, pena, impotencia, etc.— ante un acontecimiento, es normal, es humano. Siéntela, pero no te quedes atrapado en ella, ya que afectará a todo tu organismo; pasa página rápido y a otra cosa. Esa es la fórmula.

4. **Hay que asumir nuestra responsabilidad.** No somos objeto, somos sujeto. Los que asumen la responsabilidad tienen el poder. Eso sí, acorde a Marco Aurelio, solo podemos controlar y ser responsables de nosotros mismos —lo que pensamos, sentimos y hacemos—. Las circunstancias a veces juegan a nuestro favor y otras no. Hay que aceptarlo y jamás perturbarse por ello. Que nada nos pueda quitar el equilibrio interior.

5. **No hace falta conocer de todo para servirse de todo.** Simplifica y escoge aquello que necesites y guíate por otros más expertos y por sus conclusiones. Y construye lo que te sea preciso. No te obsesiones por controlarlo todo. Vivimos en un mundo complejo y lleno de incertidumbres. Ante ese futuro incierto: piensa y actúa para intentar crear el futuro que deseas.

6. **Disfruta aprendiendo y superando los retos.** La vida es un continuo aprendizaje, tómatela como un juego donde te va mucho en él. Pero, aunque vayas dirigido a un sitio —o meta—, también disfruta del camino y cada flor que encuentres a tu paso.

7. **Necesitas entregarte personalmente y de forma total.** Hay que perseguir la meta sin descanso. Pon toda la carne en el asador, todo lo que haga falta: sacrificio, esfuerzo, disciplina, etc. Merece la pena.

Cómo está organizado el cerebro y cómo podemos ser los amos de nosotros mismos

El cerebro, también denominado «encéfalo», pesa aproximadamente 1,5 kg, pero contiene unas 1012 neuronas —unos 100 billones— y cada una de ellas puede conectarse con otras 1000 mediante dendritas (ahí reside nuestro poder, en establecer nuevas conexiones que son el soporte de conocimientos, comportamientos, meta, programas, etc.). También contiene células gliales, que son células de apoyo en su metabolismo. Mediante el estudio, las experiencias y la autorreflexión, podemos generar nuevas conexiones neuronales mediante la generación de nuevas dendritas.

Además, una parte del cerebro puede generar células madre neurales, que al cabo de unos días se transformen en nuevas neuronas. Se cree que somos capaces de generar al día unas 1000 células madre que pueden convertirse en nuevas neuronas. El modelo más ampliamente aceptado de una célula madre neural adulta es una célula radial positiva a la proteína ácida fibrilar glial. Las células madre inactivas son de tipo B, que pueden permanecer en el estado inactivo debido al tejido renovable proporcionado por los nichos específicos compuestos por vasos sanguíneos, astrocitos, microglía, células ependimarias y matriz extracelular, presente dentro del cerebro. Estos nichos proporcionan alimento, soporte estructural y protección para las células madre hasta que son activadas por estímulos externos. Una vez activadas, las células tipo B se convierten en células tipo C, células intermedias activas en proliferación, que luego se dividen en neuroblastos que consisten en células tipo A. Los neuroblastos indiferenciados forman cadenas que migran y se desarrollan en neuronas maduras. En el bulbo olfativo maduran en neuronas granulares gabaérgicas, mientras que en el hipocampo maduran en células granulares dentadas y nuevas neuronas —aumentando, entre otras cosas, nuestra memoria—.

Como ves, posees un instrumento en tu cabeza de enorme potencial. Y además, como decía Ramón y Cajal, gracias a su plasticidad —creación de nuevas conexiones neuronales (dendritas) y nuevas neuronas—: «Todo hombre, si se lo propone, puede ser el escultor de su propio cerebro». Y, por lo tanto, de tu capacidad de pensar, sentir, entender la realidad —interpretarla—, desarrollar su creatividad, capacidad de análisis y síntesis, relacionarse consigo mismo (autoconciencia) y los demás (empatía), espiritualidad y transcendencia, etc.

Este potente órgano está organizado en distintas partes con sus respectivas funciones. No obstante, si se daña una de las partes dada su plasticidad, otro grupo de neuronas, gracias a la plasticidad cerebral, puede suplir su función. No entraremos en detalle de análisis del cerebro y sus subsistemas. Simplificaremos la cuestión de análisis del cerebro, orientándola a nuestro objetivo: mejorar nuestra forma de pensar. Aquí veremos la clave de cómo empoderarnos a nosotros mismos. Esta es una parte del complejo ser humano que ha de tratarse desde la teoría de la complejidad de sistemas. El primer paso para cambiar o ajustar un proceso o sistema es conocerlo. Eso haremos a continuación.

El ser humano —y su cerebro— son el resultado de un proceso evolutivo y, en el caso del cerebro, de pasar en la evolución simplificando de reptiles a mamíferos y, finalmente, al hombre; todas las estructuras coexisten en el cerebro y es importante conocerlo para manejarlo. La última será el córtex, fundamentalmente con un mayor grosor y complejidad en los humanos frente al resto de los mamíferos y nos permite abstraer conceptos, el lenguaje, imaginar, autoconciencia, etc. Todas las partes operan simultáneamente, pero mediante el córtex humano podemos desarrollar, si lo deseamos, un equilibrio entre las demás partes.

Resumiendo: el cerebro está constituido por tres partes: tronco encefálico —o cerebro reptiliano— en lo más profundo; posteriormente y sobre él, el sistema límbico —o cerebro mamífero—, y, finalmente, el córtex, que está también en los mamíferos, pero que en la especie humana está más desarrollado. Una parte de él es el neocórtex, que nos da la capacidad de la agilidad mental, el método, la abstracción, la habilidad para discernir, el autocontrol, la precisión para justificar ideas o acciones, la organización, autoconciencia, etc.

El cerebro reptiliano (Sistema R)

También denominado «tronco encefálico», lo hemos denominado cerebro reptiliano porque esta estructura corresponde al cerebro de los reptiles que surgió durante el periodo evolutivo. Esta es el área del cerebro que corresponde al comportamiento básico. En él residen la agresividad, la territorialidad, instintos básicos de ataque y defensa, avaricia, egoísmo, etc. Y otras cualidades para el trabajo manual y elementos básicos del comportamiento.

El cerebro mamífero (Sistema límbico)

Es un complejo también denominado «sistema límbico», que se encuentra sobre el sistema R, bajo el neocórtex y detrás de la nariz. Está formado por distintas estructuras entre las que destacamos la amígdala y el hipocampo, cada una de ellas con funciones específicas. Este sistema está asociado a la afectividad y los sentimientos y las emociones humanas.

El neocórtex cerebral (Sistema C)

Es el estrato externo del cerebro (*córtex* viene del latín que significa 'corteza') y tiene una espesura que varía entre 2 y 6 mm. Los lados izquierdo y derecho están unidos por un grueso haz de fibras nerviosas llamado «cuerpo calloso». A pesar de esta pequeña espesura, presenta una superficie irregular con surcos para aprovechar al máximo el espacio. La parte izquierda está más relacionada con el raciocinio, la abstracción, lenguaje, etc., y la derecha está más relacionada con la imaginación, creatividad, etc.

El equilibrio en la persona parte de la correcta y coordinada activación de estos «tres niveles cerebrales». Si manda el reptiliano serás una persona codiciosa y agresiva —no te importarán los demás—; si manda el sistema límbico serás extremadamente sensible a todo, y si manda sin control el neocórtex serás una persona muy calculadora y fría. Como dijimos, somos escultores de nuestro cerebro. El neocórtex está en la cúspide y nos dota de autoconciencia. El futuro del ser humano depende de tomar el control desde el neocórtex y permitir que el sistema reptiliano y el límbico se expresen moderadamente cuando sea necesario y con la intensidad adecuada. Si no existe este equilibrio controlado, como ocurre habitualmente, no se tiene conciencia de ello. Nos encontramos en la calle con gente muy agresiva, extremadamente avariciosa o sentimental. Estos extremos no solo son perjudiciales para ti como individuo, sino también perjudican a la sociedad en la que vivimos. Imagínate, no hace falta mucho esfuerzo, un mundo donde los dirigentes tengan secuestrado su cerebro por el sistema reptiliano; eso explicaría muchos sin sentidos del mundo actual.

El sistema nervioso no solo está constituido por el cerebro, que es el sistema nervioso central (SNC). También existe una extensa red de neuronas que llamamos sistema nervioso periférico (SNP), que forma parte del sistema nervioso periférico. Este SNP es el encargado de enviar información al SNC de las informaciones internas de los órganos internos del cuerpo y de los sentidos, transduciendo señales físicas —temperatura, presión, humedad, frío o calor, etc.— en señales electroquímicas que se transmiten a través de las neuronas vía un complejo entramado nervioso. La columna vertebral también contiene neuronas y son un principal canal de comunicación del SNP al SNC, donde se procesa la información y crean las respuestas adecuadas que actuarán sobre el organismo dando una respuesta adecuada.

El SNP también está constituido por dos subsistemas: el simpático y el parasimpático.

El sistema nervioso simpático se activa ante situaciones de estrés, amenazas —reales o no—, etc. Para ello, aumenta la frecuencia cardíaca, la presión arterial, la frecuencia respiratoria y el tamaño de las pupilas. También hace que los vasos sanguíneos se estrechen y reduce los jugos digestivos, aparte de generar hormonas y neurotransmisores específicos. Su activación puntual es útil, pero si esta se prolonga en el tiempo puede llevar al distrés, ansiedad y perjuicios a la hora de valorar en el cerebro las cosas adecuadamente. Además de otros daños en el organismo.

Por su parte, el sistema nervioso parasimpático realiza la función contraria: desacelera el corazón, dilata los vasos sanguíneos, reduce el tamaño de la pupila, aumenta los jugos digestivos, relaja los músculos del aparato digestivo y genera también sus propios neurotransmisores y hormonas. Se activa ante situaciones de calma y vuelve a restaurar el equilibrio en el cuerpo.

Se hace evidente que ambos sistemas son vitales para el organismo, pero deben activarse en su adecuada medida. Por ejemplo, el simpático nos ayuda a salir de una amenaza real —por ejemplo, si alguien nos ataca en la calle o hay que hacer un trabajo muy urgente—. Y luego vuelve a tomar el control el parasimpático para volver a los niveles normales y de equilibrio en el cuerpo. El desequilibrio entre estos sistemas se produce por la excesiva y continuada activación del sistema simpático. Y esto ocurre a nivel mental, cuando creamos amenazas que no son reales —meras construcciones mentales— y nos generan un continuo estrés, ansiedad o miedo. Eso genera hormonas y neurotransmisores específicos que, si se prolonga este estado en tu organismo, mermarán tus capacidades y órganos. Controla tus pensamientos y controlarás tus emociones, y tu cuerpo funcionará mejor.

Pero el objeto de este libro se centra en ti. Ello en el cerebro tiene su manifestación en el equilibrio adecuado de sus subsistemas. El neocórtex es la clave. Tú lo puedes dirigir y moldear como desees. Para empezar, el neocórtex tiene algunas características que has de «domar».

Es un continuo generador de pensamientos —una auténtica jaula de grillos— y debes poder controlarlos y no dejarte arrastrar por ellos. De ahí las técnicas que planteo de meditación —mantener la mente en calma—. No puedes evitar que los pensamientos se generen, pero debes no dejarte arrastrar por ellos; déjalos pasar, sin enjuiciarlos ni valorarlos.

Otra característica del neocórtex es que suele generar pensamientos hacia el pasado —generalmente para lamentarte— y hacia el futuro —para preocuparte—. Pocas veces viene al presente. Eso nos interesa por su potencial (filosofía zen); hay que vivir cada instante y centrarnos en lo que estamos haciendo. Si comes, come. Si andas, anda. Si quieres pensar, hazlo. Pero nuestra mente está organizada para centrarnos en una sola cosa cada vez. Si no lo hacemos así, perdemos el presente y se dispersa.

Lleva tus pensamientos al presente, en el aquí y ahora, lo que puedes hacer y hazlo. Desde el presente construirás un mejor futuro con tus pensamientos y las acciones que lleves a cabo. Que el neocórtex sea el señor de tus pensamientos y mantenga el nivel del sistema límbico y complejo R bajo su control y límites. Esa es parte de la clave para ser una persona equilibrada.

Los tres cerebros

Junto al cerebro principal —por decirlo así— que tenemos en el cráneo con 100 billones de neuronas, también poseemos otros dos cerebros en el corazón y el estómago —más pequeños, pero con cierta autonomía—, que también interfieren en nuestro estado mental y emocional.

El cerebro en el corazón

Se ha descubierto que el corazón contiene un sistema nervioso independiente y bien desarrollado con más de 40 000 neuronas y una compleja y tupida red de neurotransmisores, proteínas y células de apoyo. Gracias a esos circuitos tan elaborados, parece que el corazón puede tomar decisiones y pasar a la acción independientemente del cerebro; y que puede aprender, recordar e incluso percibir varios tipos de conexiones que parten del corazón y van hacia el cerebro de la cabeza.

La comunicación neurológica mediante la transmisión de impulsos nerviosos. El corazón envía más información al cerebro de la que recibe, es el único órgano del cuerpo con esa propiedad, y puede inhibir o activar determinadas partes del cerebro según las circunstancias. Es decir, las «neuronas del corazón» pueden influir en nuestra percepción de la realidad y, por tanto, en nuestras reacciones de varias formas:

— La información bioquímica la genera mediante hormonas y neurotransmisores. Es el corazón el que produce la hormona ANF, la que asegura el equilibrio general del cuerpo: la homeostasis. Uno de sus efectos es inhibir la producción de la hormona del estrés y producir y liberar

oxitocina, la que se conoce como hormona del amor.
— La comunicación energética: el campo electromagnético
  del corazón es el más potente de todos los órganos del
  cuerpo, 5000 veces más intenso que el del cerebro. Y se
  ha observado que cambia en función del estado emocional. Cuando tenemos miedo, frustración o estrés se
  vuelve caótico. Además, el campo magnético del corazón se extiende alrededor del cuerpo entre dos y cuatro
  metros, es decir, que todos los que nos rodean reciben la
  información energética contenida en nuestro corazón.

En conclusión, el circuito del cerebro del corazón es el
primero en tratar la información que después pasa por el cerebro de la cabeza. Hay dos clases de variación de la frecuencia
cardiaca: una es armoniosa, de ondas amplias y regulares, y toma
esa forma cuando la persona tiene emociones y pensamientos
positivos, elevados y generosos; la otra forma de onda es desor-
denada, con ondas incoherentes con el miedo, la ira o la descon-
fianza. Pero hay más: las ondas cerebrales se sincronizan con estas
variaciones del ritmo cardiaco; es decir, que el corazón arrastra
a la cabeza. La conclusión es que el amor del corazón no es una
emoción, es un estado de conciencia inteligente.

Como se ve, el cerebro del corazón activa en el cerebro de la
cabeza centros superiores de percepción completamente nuevos
que interpretan la realidad sin apoyarse en experiencias pasadas.
Este nuevo circuito no pasa por las viejas memorias, su conocimiento es inmediato, instantáneo, y, por ello, tiene una percepción exacta de la realidad. Está demostrado que cuando el ser
humano utiliza el cerebro del corazón crea un estado de coherencia biológico, todo se armoniza y funciona correctamente, es
una inteligencia superior que se activa a través de las emociones

positivas. Este circuito se activa cultivando las cualidades del corazón: la apertura hacia el prójimo, el escuchar, la paciencia, la cooperación, la aceptación de las diferencias, el coraje...

Es la práctica de pensamientos y emociones positivas. En esencia, liberarse del espíritu de separación (el ego) y de los tres mecanismos primarios: el miedo, el deseo y el ansia de dominio, mecanismos que están anclados profundamente en el ser humano porque nos han servido para sobrevivir millones de años. Y para librarnos de ellos, podemos tomar la posición de testigos, observando nuestros pensamientos y emociones sin juzgarlos, y escogiendo las emociones que nos pueden hacer sentir bien. Debemos aprender a confiar en la intuición y reconocer que el verdadero origen de nuestras reacciones emocionales no está en lo que ocurre en el exterior, sino en nuestro interior.

Un tercer cerebro en el estómago

En el estómago existen en torno a 100 millones de neuronas, muchas más de las que contiene la columna vertebral. Un conjunto de redes neuronales que recubren el estómago y el sistema digestivo. Y que no solo actúan para facilitar la digestión, desviar la corriente sanguínea e influir sobre nuestro estado de ánimo. También pueden realizar procesos neurales propios e independientes.

La epigenética

Cada célula de nuestro cuerpo contiene el ADN que almacena toda la información del organismo —órganos, conexiones, interrelaciones, estructuras, etc.— y que nos permite construir una réplica de nosotros. Es lo que ocurre cuando el óvulo es fecundado por el espermatozoide y, de ahí, tras millones de copias de esta célula primigenia, surge el ser humano. Cada copia no sabe solo cuál es su función y cómo realizarla, sino a dónde ir —hígado, pulmón, músculo, etc.—. Estamos, en parte, determinados por nuestro ADN. Pero, como ya hemos visto, el cerebro es plástico y mediante las dendritas puede establecer nuevas conexiones entre las neuronas guardando conocimientos, esquemas, pensamientos, etc. Podemos, si queremos, modelar y esculpir nuestro cerebro, como diría Cajal.

Adicionalmente, el ADN está organizado en espiral mediante miles o incluso millones de genes; a algunos se les conoce su función y a otros no —y se le denomina de momento ADN basura—. De los que tienen una función determinada se sabe que se pueden activar o no dependiendo de las circunstancias, la alimentación e incluso las necesidades del individuo y, tal vez incluso, los pensamientos y emociones. De forma que sabemos que en un ser adulto las células cambian —mueren y producen una copia de ellas mismas cada vez— y que somos, por así decirlo, una persona nueva —casi todas las células del organismo se han renovado, excepto las neuronas— cada siete años. La epigenética abre la puerta de que podamos activar genes que hasta ahora habían permanecido «dormidos» e inhibir aquellos que nos dañan —por ejemplo, genes con tendencias a desarrollar mutaciones y cánceres—. Y crear desde lo más profundo del ser el ADN que nos interesa. Parece una fantasía, pero parte puede hacerse; una versión mejorada que nos aporte mejores facultades en resistencia, inmunología, autoconfianza, etc.

7. Gestionar los estados emocionales

En esta vida gana el que resiste.

Camilo J. Cela

Nosotros, aunque parezca paradójico, no vivimos en la realidad, sino en una representación mental de la misma —creada por nuestras creencias, experiencias, pensamientos, etc.—. Esa representación mental podemos cambiarla desde el presente, eliminando las creencias limitantes que se albergan en el subconsciente, reinterpretando nuestras experiencias y tomándolas como fuente de aprendizaje, pero que no determinan nuestro futuro. El futuro lo cocreamos nosotros desde el presente. Y en cuanto a nuestros pensamientos, con herramientas como la meditación podemos alejarnos de ellos —esa jaula de grillos— y seleccionar o crear aquellos que nos sean útiles e ilusionantes ante cada situación. ¡¡¡Hay que vivir el aquí y el ahora!!!

Las emociones son reacciones que se experimentan tras un pensamiento y generan cambios en la experiencia afectiva, en la activación fisiológica y en la conducta expresiva. Surgen ante situaciones relevantes que implican peligro, amenaza, daño, pérdida, éxito, novedad… y nos preparan para poder dar una respuesta adaptativa a esa situación.

A lo largo de nuestra evolución como especie, gracias a las emociones hemos podido responder rápidamente ante aquellos estímulos que amenazaban nuestro bienestar físico o psicológico, garantizando nuestra supervivencia. Eso está bien, pero en la actualidad nuestro complejo cerebro puede generar amenazas que en realidad solo existen en nuestra cabeza. Adicionalmente, la incertidumbre del mundo actual puede generar ansiedad y preocupación. Esta incertidumbre sobre el futuro no la podemos cambiar, pero sí pensar y actuar positivamente para crear nuestro futuro.

Las emociones influyen sobre todo el cuerpo activando múltiples respuestas cardiovasculares, sobre la formación ósea, musculares, neuroendocrinas y del sistema nervioso autónomo. Por ejemplo, un resultado es la activación de los núcleos del tronco encéfalo, el hipotálamo y la amígdala. Luego, estas estructuras liberan hormonas de varios tipos en la corriente sanguínea, que se dirigen, por una parte, hacia diversas zonas del propio cuerpo y hacia distintas zonas cerebrales.

Al mismo tiempo, estas estructuras envían, de modo simultáneo, señales electroquímicas mediante neurotransmisores, por una parte, hacia las glándulas adrenales, que liberarán hormonas con repercusión en todo el cuerpo y también, por supuesto, en el cerebro. Y, finalmente, a sus regiones cerebrales, tales como la corteza, el tálamo y los ganglios basales, con lo cual se modificará el estado cognitivo y la forma de procesar la información.

Las emociones no son malas o buenas de por sí. De hecho, forman parte de nuestra humanidad. Pero no dejemos que nos controlen.

La amígdala es una parte del cerebro que detecta situaciones de amenaza, ante las cuales hay tres reacciones: lucha, parálisis o huida. Las emociones modifican el riego sanguíneo, las hormonas, etc. Para hacer frente a la amenaza si esta es real, por ejemplo, estamos siendo atacados en la calle, *OK*, nos ayudará a luchar o huir más rápido ante un depredador, etc. Pero si vivimos en un mundo mental de amenazas no reales —generadas por nuestro pensamiento—, esto tendrá un efecto negativo en el cuerpo y en el cerebro, limitando, por ejemplo, nuestra capacidad creadora.

Lo mismo podemos decir del estrés. Este es válido en situaciones puntuales que exigen lo máximo de nosotros, activando los cambios oportunos en el cuerpo: neurotransmisores, adrenalina, etc. Pero si la situación se prolonga durante tiempo —días o semanas—, podemos llegar al distrés, que tendrá un efecto perjudicial en nuestra salud mental y física, deteriorando nuestras capacidades.

En una segunda fase, una emoción puede transformarse en un sentimiento (interiorización) que sí es negativo; nos altera para mal, produciendo daños en nuestra fisiología, capacidad de razonar y estado de ánimo.

Por todo lo dicho, los sentimientos y emociones son un arma de doble filo. Y todo se inicia en la mente seleccionando pensamientos positivos o negativos y en nuestra interpretación de la realidad y el mundo. Así que, si partimos de un estado de paz y serenidad interior (meditación) y nos enfocamos en lo positivo —de nosotros, los demás, las circunstancias y el mundo—, podemos generar también pensamientos positivos que, a su vez, generarán emociones positivas, que nos influyen fisiológicamente permitiendo actuar y hacer frente a las circunstancias con mayor eficacia. Y evitar las emociones negativas desde su raíz —pensamiento, creencia o representación mental equivocada—.

El miedo-ansiedad, la ira, la tristeza-depresión y el asco son reacciones emocionales básicas que se caracterizan por una experiencia afectiva desagradable o negativa y una alta activación fisiológica. Todas estas emociones negativas tienen su origen en el cerebro: cómo interpreta la realidad y qué posición toma ante ella —de indefensión o afrontando los retos, etc.—.

Un elevado estado de emocionalidad negativa puede tener consecuencias para el correcto funcionamiento del cuerpo.

- Al experimentar ira, tristeza, ansiedad o depresión de manera intensa, tienden a producirse cambios de conducta que hacen que abandonemos hábitos saludables como la alimentación equilibrada, el ejercicio físico o la vida social, y los sustituyamos por otros como el sedentarismo, o intentemos ocultarlas con tabaco, alcohol, sustancias, hábitos negativos de evasión, etc. para contrarrestar o eliminar estas experiencias emocionales de dolor o frustración.

- Las reacciones emocionales prolongadas en el tiempo mantienen niveles de activación fisiológica intensos que pueden deteriorar nuestra salud si se cronifican: la activación del sistema nervioso autónomo con elevación de la frecuencia cardíaca, hipertensión arterial, aumento de la tensión muscular, disfunción central de la neurotransmisión, activación del eje hipotalámico-hipofisario-corticosuprarrenal con perturbación de ritmos circadianos de cortisol, etc. Esta alta activación fisiológica puede estar asociada a un cierto grado de inmunosupresión, lo que nos vuelve más vulnerables al desarrollo de enfermedades infecciosas.

La reacción ante determinadas situaciones y las emociones son diferentes en cada individuo. Hay personas que ante un exceso de carga emocional tienen problemas físicos —cefaleas o trastornos digestivos—, cognitivos —excesiva preocupación, obsesiones— o conductuales, que pueden acabar en adicciones (si este es tu caso ve primero al anexo I y luego retoma la lectura con una mente más clara). Por tanto, hay un síntoma de alarma diferente para cada persona.

Hay que experimentar las emociones positivas que influyen directamente y de forma adecuada en nuestro cuerpo, mente y alma —o transcendía espiritual si así lo consideramos—. Estas se originan en nuestro pensamiento y la construcción de la realidad —lo que ocurre, lo que hacen otros y cómo lo interpretamos—. Esa interpretación de la realidad la produce el cerebro en su conjunto: SNC, neuronas en el corazón y en el aparato digestivo. Sobre todo lo que pensamos y la imagen de la realidad —que es una pura construcción mental— tenemos control, sobre lo que hacemos y pensamos nosotros, sobre nuestra propia persona, los demás y el mundo que nos rodea (podemos pensar, por ejemplo, que el universo que nos rodea es hostil o es favorable). De forma que un pensamiento positivo generará una emoción positiva. Esta es una breve lista de las emociones que son positivas y debemos crear a partir del pensamiento: agradecimiento y gozo, ilusión, satisfacción, pasión, amor, diversión, esperanza, alegría, entusiasmo, etc.

Y las negativas que debemos evitar cambiando el pensamiento o reevaluando la realidad para que se eliminen sustituyendo un pensamiento negativo por otro positivo, viviendo en el presente. Aquí hay una lista de emociones perjudiciales: angustia, culpa, agobio, desesperación, estrés, malestar, ira, frustración, preocupación, miedo, etc. Las emociones negativas no son malas de por sí —son parte del ser humano—; lo malo es mantenerlas en el tiempo y eso sí nos afecta negativamente —como ya se ha comentado— descompensando las hormonas, neurotransmisores, etc.

La forma de cortarlas es cambiando el pensamiento, centrándonos en el cuerpo: respiración y columna vertical, es decir, meditación, *mindfulness* unos minutos. Y después elegir en qué pensar reevaluando la realidad y haciendo algo para resolver el origen —in-formación insuficiente, mala interpretación, etc.— y sustituir el pensamiento por otro positivo —si es que tiene solución o lo localizamos—, y si no aceptando el problema como tal y pasar a otra cosa.

La clave está en actuar. ¡¡¡Y pensando en algo ilusionante, en nuestra grandeza interior!!! Solo tenemos control sobre lo que pensamos y hacemos. Lo demás es incierto y a veces nos puede complacer o no. Hay que aceptarlo, plenamente, como parte de la vida («hay días buenos y días malos»). Aceptemos que esto es así y sí es posible que aprendamos de las experiencias. Cada día es una nueva oportunidad, una nueva vida; aprovéchala. Además, te diré algo: el hombre del pasado —neandertal, *Homo erectus*, etc.— tenía una vida media de unos 25 años; si nosotros llegamos a unos 100 años, en el fondo vivimos 4 vidas. Así que, aunque tengas 50 años, ¡¡¡se podría decir que te quedan 2 vidas por vivir!!! ¡¡¡Aprovéchalas!!!

Hay que adquirir nuevas habilidades emocionales, como superar la frustración o el fracaso, aprender a superar el rechazo y considerar que siempre se puede aprender algo e intentarlo. Respecto al fracaso, que alguien fracase alguna vez no ha de verse como algo malo. Ha aprendido de un camino que no le sirve y debe intentar otro. Un oso polar abre un agujero en el hielo esperando que una foca salga a respirar y entonces intenta cazarla. Solo lo consigue una media de una vez por cada diez intentos. Imagínate lo que sería de él si desistiera al cuarto o quinto intento fallido: moriría de hambre. Hay que aprender del fracaso y ver que podemos cambiar y mejorar la forma de pensar y hacer las cosas. Respecto a la frustración, es una emoción que de nada nos sirve, nos debilita y hace perder fuerza, disciplina e ilusiones. Solo hay dos tipos de personas en el mundo: los que superaron la frustración y los que pasaron la vida deseando haberla superado.

Hay que ser estoico. ¡¡¡Que nada exterior altere tu estado de ánimo!!! En cuanto al rechazo, tal vez es problema de la otra persona; entones dejemos que pase y no nos alteremos. No obstante, analicemos el origen y si podemos cambiar algo en nosotros para evitarlo en una futura ocasión con esta u otra persona, hagámoslo.

Como ya he dicho, el ser humano es un sistema complejo donde todas las partes están interrelacionadas (sentimiento-emoción-pensamiento-mente en calma-conciencia). Intentemos desde nuestro intelecto mantener el adecuado equilibrio de cada parte y sus interacciones y no permitir que nada lo desestabilice.

Por último, un defecto que debemos evitar es vanagloriarnos de nosotros mismos, de nuestros éxitos, y dejar de aprender. Hay que seguir siempre marcándose retos y aprendiendo; «un tallo verde crece, uno maduro al final cae y muere». Seamos siempre como tallos verdes y no dejemos nunca de aprender, tengamos humildad y no creamos que lo sabemos todo. Siempre adelante, con humildad y aprendiendo. Y compartiendo nuestro amor y felicidad con los demás, eso nos hará mejores y generará mayor satisfacción y emociones positivas internamente para «ponerme en acción» (pero cada persona es un mundo, escoge tu duración, momento, etc., lo que mejor te vaya a ti). Pero sigue el método que expongo paso a paso: mantener la mente en calma —adquirir valores positivos, meditación—, control de los pensamientos —la meditación te da la posición de observador y te permite elegir en qué pensar—, control de las emociones —escoge las positivas que son derivadas de un pensamiento positivo—, ten hábitos de vida saludables y ponlo en práctica todos los días. Te transformarás y será tu nueva forma de ser mejorada, y al final lo harás automáticamente, formará parte de ti.

Toma conciencia de ti mismo. Eres el observador de lo que pasa y decides en qué focalizarte. Donde pongas el foco, allí estarás tú. Respiración y columna una y otra vez. Esto te permitirá no solo aumentar tu capacidad de concentración, sino que te dará calma y serenidad (5 o 10 minutos bastarían). Luego podrás centrarte y elegir mejor en qué pensar.

La mente no puede dejar de generar pensamientos, que nos llevan aquí y allá descentrándonos en ocasiones y, generalmente, nos llevan al pasado —para lamentarnos— y al futuro —para preocuparnos—. Hay que traerla al aquí y al ahora. No podemos frenar ese torrente de pensamientos, pero sí tenemos el poder de no implicarnos. Manteniéndonos como meros observadores —sin juzgarlos—, dejándolos pasar. ¿Cómo se hace eso? Una técnica está en concentrarte en tu respiración y la posición vertical de tu columna (ver capítulo 5). Cada vez que un pensamiento quiera atraparte vuelve a tu respiración y columna —sé el observador, sin implicarte—. Esto te dará calma y te permitirá avanzar en los siguientes pasos: autocontrol del pensamiento y sentimientos, y de tu vida. Eres grande, demuéstratelo a ti mismo y a quienes te rodean. Serás más feliz y compartirás esa felicidad con los demás.

8. Síntesis del método y transformación interior

Dadme un punto de apoyo y moveré el mundo.

Arquímedes

Conócete a ti mismo.

Quilón de Esparta

El primer paso es tener claro el objetivo —qué clase de vida queremos vivir— y comprometerse con él. Y cambiar. Nosotros mismos seremos ese punto de apoyo desde el cual vivir una vida plena para nosotros y los demás. Y poder construir nuestro presente y futuro.

Lo de comprometerse es fundamental. Vamos a encontrar obstáculos, internos y externos. Tal vez creamos que no podemos conseguirlo, pero hay que eliminar ese pensamiento y tener fe en uno mismo y perseverar. O quizá otras personas nos dirán que es imposible cambiar, pero qué valor tienen sus opiniones si en el fondo de nuestro ser nos consideramos que valemos mucho más de lo que hasta ahora hemos demostrado. Ya es hora de sacarlo a flote y mostrar nuestra grandiosidad, que todo ser humano posee en su interior.

El método, en el fondo, es sencillo. Una vez hemos dejado los malos hábitos si el malestar insufrible y cotidiano nos ha llevado a ellos (anexo I), déjalos por algún tiempo y la mente se aclara y amplia; es el momento de ponerlo en práctica (estas pautas también son válidas para cualquier persona que quiera crecer y progresar y construir un futuro mejor).

1. MANTENER LA MENTE EN CALMA
2. VALORES
3. CONTROL DE LOS PENSAMIENTOS
4. CONTROL DE LAS EMOCIONES
5. HÁBITOS SALUDABLES DE VIDA
6. TODO PUESTO EN ACCIÓN DÍA A DÍA

Mantener la mente en calma es el paso principal. El cerebro está diseñado para generar continuamente pensamientos —positivos y negativos—. A veces se le llama «el mono loco» porque va de aquí para allá inundándonos de recuerdos, problemas, fantasías, incertidumbres, malos recuerdos y experiencias, etc. Y lo peor de ello es que vive en el pasado y en el futuro. En el pasado no generalmente para aprender de él, sino para generar remordimientos y preocupaciones que de nada nos sirven. Y también hacia el futuro por lo general generando incertidumbres, preocupaciones y esperando lo peor. Ambos tipos de pensamientos generan hormonas y neurotransmisores que limitan nuestra capacidad de pensar libre y creativamente.

9. Aplicación día a día del método integral

Nadie se desembaraza de un hábito o de un vicio tirándolo de una vez por la ventana; hay que sacarlo por la escalera, peldaño a peldaño.

Arquímedes

Mantener la mente en calma es el paso principal. El cerebro está diseñado para generar continuamente pensamientos positivos y negativos. Y lo peor de ello es que vive en el pasado y en el futuro. En el pasado no generalmente para aprender de él, sino para generar remordimientos y preocupaciones que de nada nos sirven. Y también hacia el futuro, por lo general generando incertidumbres, preocupaciones y esperando lo peor. Ambos tipos de pensamientos generan hormonas y neurotransmisores que limitan nuestra capacidad de pensar libre y creativamente.

Hay que vivir en el presente, que es sobre lo único que podemos construir, y desde allí, con una actitud constructora, generar en la medida de nuestras posibilidades el futuro que queremos. Hay que creer en nosotros mismos y sacar lo mejor que tenemos dentro.

Para ello, el primer paso es aquietar la mente de todo pensamiento y dejar de pensar en nada, aunque esto parezca contraproducente. Y desde allí, con esa calma que nace de nuestro interior, del control pasamos a ser observadores de nuestros pensamientos sin implicarnos en ellos y focalizarnos donde nos interesa. Donde está tu foco, allí estás tú. Podremos ver más claramente nuestra grandeza y el autocontrol que tenemos para elegir y poder expresarla en una dirección más adecuada que nos permita alcanzar nuestros objetivos —reinterpretar las cosas y las actitudes de los demás, el cambiar de vida, vivir una vida más plena y feliz—.

«Aquietar» la mente. ¿Qué se entiende por ello? La mente continuamente genera pensamientos del pasado —errores, remordimientos, etc.— y se proyecta con pensamientos hacia el futuro —incertidumbres, yo no podré, todo saldrá mal, etc.—. Hay que frenar ese torrente de ideas que nos impiden centrarnos. Hay que vivir el presente aquí y ahora. Y del pasado aprender —no lamentarse, ni culpabilizarse— y del futuro plantear metas e ilusiones. Y desde el presente construir un nuevo camino y estrategia para alcanzarlo. Y si falla volver a intentar otras estrategias. Las metas y objetivos a conseguir puede que escapen a una realización inmediata. Lo importante es dar el primer paso (metas pequeñas) que poco a poco nos hará avanzar.

El siguiente paso es adquirir valores que nos orienten en este mundo cambiante: la coherencia, la perseverancia, el amor, el compromiso, el esfuerzo, la compasión, etc. Valores que darán coherencia a nuestra vida tanto en los pensamientos, actos y sentimientos. Estos valores hay que interiorizarlos y ponerlos en práctica día a día. Son el otro punto vital de esa transformación interior.

A continuación, se trata de controlar los pensamientos. Como ya hemos visto, la mente, que es el cerebro en acción, no puede parar de generarlos. Pero desde una mente en calma podemos escoger en cuáles nos centramos y cuáles no. Ya hemos visto que los más positivos son los que se centran en el presente —el aquí y ahora—, que es sobre lo que tenemos que hacer.

Utilizaremos el pasado solo para aprender de caminos que no han funcionado (errores) y para recordar éxitos o situaciones en que fuimos felices. Y el futuro para prever y ver qué podemos hacer hoy para conducirlo hacia donde nos interesa. Hay que ser positivo y pensar que el mundo nos ofrece una infinitud de alternativas que desde el presente podemos escoger. Incertidumbre siempre la habrá. Pero desde el presente podemos pensar qué hacer y cómo actuar para crear nuestro futuro y aceptar las incertidumbres como parte de la vida.

A todo pensamiento viene asociada una emoción y, posteriormente, un sentimiento. Hay, por tanto, que controlarlas en la génesis, es decir, el pensamiento positivo que nos abre nuevas posibilidades y que nos permita abrir caminos para resolver las dificultades —en los que jamás hubiéramos pensado—.

Luego hay que tener hábitos de vida saludables. Y si tu problema no es el tabaco, el café o el alcohol —por hacer un uso moderado—, sí es muy importante el ejercicio físico regular, la buena alimentación, descansar, rodearte de gente positiva y tener ilusiones y dedicar tiempo a la familia —si la tienes— y a ti mismo. También es recomendable mantener la mente en forma con lecturas, aficiones, etc. Si posees un cuerpo sano y una mente sana, estos son el punto de partida y final de toda transformación.

Por último, hay que establecer una rutina diaria de entrenamiento de todo lo aprendido en los capítulos anteriores. De forma consciente al principio —re-pásalos y ejercítalos cada día— hasta que, finalmente, se conviertan en tu forma de ser y afrontar el mundo que se abrirá ante ti con infinitas posibilidades. Y te convertirás en quien realmente eres, sacando toda la grandeza y potencial que tienes en tu interior.

Te observarás a ti mismo y a las personas con una nueva visión. En el nuevo mundo que se abre ante ti, ya te conoces algo más y tienes los instrumentos de autocontrol y equilibrio que se han descrito en este libro. Y si no los has aplicado a medida que leías cada capítulo, hazlo ahora y te transformarás para mejor y obtendrás felicidad para ti y los demás.

Mucha gente aspira a tener, por ejemplo, un Ferrari. Vaya tontería. El Ferrari ya lo tienes. ¡¡¡Eres tú mismo!!! Ahora que ya lo sabes y has mejorado como persona, en ti está elegir la siguiente meta y seguir aplicando todo lo aprendido. Ahora ya no tienes excusas ni trabas limitantes. Pon en marcha tu creatividad, disciplina, valor, y saca ese diamante que tenías escondido. Y emplea todo eso —día a día— y construye tu futuro y el de los demás con generosidad y amor. Ahora todo depende de ti. ¡¡¡Buena suerte!!!

Y, sobre todo, busca tiempo para ti mismo —meditar, reflexionar, distraerte, etc.—. Que todo el día no lo consuma tu trabajo y otras obligaciones. No te endeudes. También viaja y conoce otras culturas, y lee mucho y de distintas disciplinas; la lectura te ayuda a focalizarte y, además, a ampliar tu visión del mundo y te dará no solo conocimiento, sino modelos y herramientas que podrás utilizar. Lee también algo de filosofía (el arte de pensar bien). Escucha más que hables y aprenderás... En la antigua Grecia existía la palabra *agorazein,* que quiere decir 'ir a la plaza a ver qué se dice' y, por lo tanto, hablar, comprar, vender y verse con los amigos, holgazanear al sol, etc. La verdad es que los atenienses no hacían nada productivo: pasear, pensar, hablar, pero no pensaban en hacer nada práctico. Por otro lado, no olvidemos que en aquella época Atenas tenía 20 000 habitantes y unos 200 000 de serie B, entre esclavos y metecos. No es el caso actual, pero busca un hueco diario para *agorazein.*

Aplica, también, las sabias palabras que se recogen en el poema «IF» de Rudyard Kipling cada día —ahora tienes las herramientas—. Si las utilizas como dice el poema, serás dueño de ti y el mundo podrá ser tuyo. Ahora que ya lo sabes y has mejorado como persona, en ti está elegir la siguiente meta y a qué lo aplicas. Ahora ya no tienes trabas limitantes. Pon en marcha tu creatividad, disciplina, valor, y saca ese diamante que tenías escondido. Y emplea todo eso —día a día— y construye tu futuro y el de los demás con generosidad y amor.

Rudyard Kipling escribió esta maravilla en 1895, inspirado por la incursión británica contra los bóeres en Sudáfrica. Uno de sus versos («Si te encuentras con el triunfo y la derrota y a estos dos impostores los tratas de igual forma») está escrito en la pared de la entrada a la pista central de Wimbledon.

SI...

Si puedes mantener la cabeza en su sitio
cuando todos a tu alrededor
la pierdan y te culpen a ti.
Si puedes seguir creyendo en ti mismo
cuando todos dudan de ti,
pero también aceptas que tengan dudas.
Si puedes esperar y no cansarte de la espera;
o si, siendo engañado, no respondes con engaños,
o si, siendo odiado, no incurres en el odio.
Y aun así no te las das de bueno ni de sabio.

Si puedes soñar sin que los sueños te dominen;
si puedes pensar y no hacer de tus pensamientos tu único objetivo;

si puedes encontrarte con el triunfo y el fracaso,
y tratar a esos dos impostores de la misma manera.

Si puedes soportar oír la verdad que has dicho,
tergiversada por villanos para engañar a los necios.
O ver cómo se destruye todo aquello por lo que has dado la vida,
y remangarte para reconstruirlo con herramientas desgastadas.

Si puedes apilar todas tus ganancias
y arriesgarlas a una sola jugada;
y perder, y empezar de nuevo desde el principio
y nunca decir ni una palabra sobre tu pérdida.

Si puedes forzar tu corazón, y tus nervios y tendones,
a cumplir con tus objetivos mucho después de que estén agotados,
y así resistir cuando ya no te queda nada
salvo la Voluntad, que les dice: «¡Resistid!».

Si puedes hablar a las masas y conservar tu virtud.
O caminar junto a reyes
sin menospreciar por ello a la gente común.
Si ni amigos ni enemigos pueden herirte.
Si todos pueden contar contigo, pero ninguno demasiado.
Si puedes llenar el implacable minuto,
con sesenta segundos de diligente labor.
Tuya es la Tierra y todo lo que hay en ella,
y —lo que es más—: ¡serás un Hombre, hijo mío!

Anexo I. Cuando el malestar interior nos lleva a ocultarlo

Bajo consumo excesivo de medicamentos —ansiolíticos, antidepresivos, etc.— o sustancias —incluido el alcohol— o acciones —sexo, maltrato, juegos de azar, etc.— que al final nos producen una adicción.

No te engañes, la negación de que tienes un problema con tu adicción es lo primero que has de superar. Quieras o no. Siendo un adicto tu vida se ha vuelto incontrolable y cada vez lo será más; lo perderás todo: salud, familia, dinero, autoestima, problemas legales, etc. Solo hay una solución: dejar de consumir o el comportamiento adictivo, y empezar de cero. Para poder retomar las riendas de una nueva vida, debes aceptar que la adicción es un problema y resolverlo de forma integral. No solo vale con un periodo de abstinencia, hay que mejorar tu forma de pensar, sentir y relacionarte con el mundo y contigo mismo. Si este es tu caso, primero lee y aplica este anexo, y luego retoma la lectura del libro completo que te permitirá mejorar interiormente —evitarás recaídas— y sacarás lo mejor de ti mismo.

Visualiza a dónde te ha llevado el último, el penúltimo y anteriores comportamientos adictivos. Cuando erróneamente pensabas que, por una vez, no pasaría nada. Sí pasó y acabaste igual que siempre con sufrimiento, cosas perdidas —dinero, relaciones, salud, etc.— y un enorme sentimiento de culpa. «Acabaste en un pozo»; tu vida hundida. Pero todavía se puede hundir más. Si continúas puedes tener problemas mentales permanentes o la muerte incluso. No hay excusas para un nuevo consumo. El final siempre será el mismo. En tu cerebro ya se ha creado un «circuito neural de adicción» que se activará a la mínima que consumas la sustancia o realices la conducta adictiva, y será dueño de tu cerebro —durante horas, días o semanas— hasta que se te agote el dinero o las fuerzas.

Imagina cómo podría haber sido el día si no lo hubieras hecho… ¿Verdad que merece la pena?

Indicaremos en este anexo diversos caminos y estrategias que puedes seguir para lograrlo. Finalmente, tras ese periodo de abstinencia, tu mente se aclarará y podrás retomar la lectura del resto de capítulos y ya puedes empezar tu proceso de cambio. Hasta ahora has mirado la realidad y a ti mismo desde un cristal borroso y distorsionado; es hora de limpiarlo. Y sacar tu grandeza interior, vivir una vida más consciente, plena y feliz para ti y quienes te rodean. ¡¡¡Ser de una vez dueño de ti mismo!!! No un mero autómata de la sociedad o las circunstancias que no has sabido gestionar adecuadamente. Pero eso ya se acabó. Para siempre.

Comprométete totalmente a no volver a repetir, una y otra vez, la misma historia. Ten determinación total. Este libro puede ser la herramienta que necesitabas. Debes leerlo o ponerlo en práctica con determinación y total compromiso. Si lo haces así, el éxito está asegurado y superarás el pasado para construir un nuevo futuro ilusionante, donde serás feliz y sacarás lo mejor de ti mismo. Hazlo por ti y los demás. Comprométete y esfuérzate. Lo que merece la pena requiere esfuerzo. Si te has metido en el fango de la adicción, tendrás el valor de salir de él. Pero antes de iniciar la lectura completa del libro que te producirá ese cambio interior —y evitará posibles recaídas—, ya que tú y solo tú habrás alcanzado el control de tu vida, se precisa un periodo de abstinencia para aclarar la mente. Este periodo será variable según el caso y tu deterioro —unas semanas o unos meses—.

A la historia del hombre va unida el fumar cigarrillos, beber alcohol, mascar hojas de coca, esnifar preparados psicoactivos, beber pócimas, fumar marihuana, utilizar el opio para el dolor, etc. Son ejemplos bien conocidos de algunas de las sustancias que el hombre ha utilizado para alterar su estado de conciencia. Originariamente, esto se hacía en encuentros tribales, chamánicos, para contactar con seres espirituales u obtener visiones adivinatorias o de otra índole (ayahuasca, peyote, etc.). Este consumo ritual que se realizaba en ciertas ceremonias anuales —espaciadas en el tiempo— no creaba adicción. La droga o el comportamiento eran suministrados y guiados por la tribu (el chamán). En una segunda etapa histórica se consumían o practicaban en ciertas festividades. Actualmente, el uso ha emigrado a tener una necesidad individual de huir de la realidad que vivimos, buscar sus efectos y recurrir a la droga o comportamientos inadecuados —juego, sexo compulsivo, etc.— para alcanzarlos.

Más actualmente, junto a las anteriores y sus derivados industriales o químicos, destacan las nuevas adicciones. Unas están derivadas de sustancias, como es el caso de la heroína, la cocaína, las drogas de diseño, el LSD, etc.

Otras son adicciones comportamentales, sin sustancia, como resultado de nuestra sociedad tecnológica, como la adicción a

Internet, al juego de azar, al teléfono móvil, a los teléfonos eróticos, al sexo, a las compras y a un amplio etcétera de conductas que pueden llegar a ser adictivas. Por ello, en los últimos años se incluyen distintas conductas bajo la denominación genérica de adicciones o conductas adictivas. Basadas inicialmente en el concepto de dependencia (física y psíquica) y evolucionando a partir del mismo, se aplicaban inicialmente a sustancias psicoactivas que, ingeridas por un individuo, tenían la potencialidad de producir dependencia.

Con el transcurrir de los años se observó que también existían conductas, que sin haber sustancia de por medio, tenían la capacidad de producir dependencia y el resto de las características que tenían las dependencias a las sustancias psicoactivas. Una característica común y central a las conductas adictivas es la pérdida de control. La persona con una conducta adictiva no tiene control sobre esa conducta, además de que la misma le produce dependencia, tolerancia, síndrome de abstinencia y una incidencia negativa muy importante en su vida.

Tabla 1. Síntomas adictivos por consumo de sustancias

1. Consumo repetido de la sustancia en el que hacerlo es peligroso. Por ejemplo, accionar una máquina o conducir un automóvil, etc.
2. Consumo recurrente que deriva al incumplimiento de las obligaciones del trabajo, escuela o en casa: ausencias repetidas, malos tratos, pérdida del trabajo, expulsiones en la escuela, etc.
3. Problemas legales derivados de la sustancia: hurtos, robos, conductas inapropiadas, arrestos, etc.

4. Consumo continuado de la sustancia a pesar de tener continuos problemas sociales o interpersonales causados por la sustancia, por ejemplo, discusiones en casa sobre el hábito e, incluso, violencia física.

Tabla 2. *Trastornos mentales inducidos por el consumo de sustancias*

1. Demencia persistente o *delirium* producido por la sustancia.
2. Trastorno del estado de ánimo.
3. Amnesia persistente.
4. Trastorno psicótico.
5. Trastorno sexual inducido por sustancias.
6. Trastornos de ansiedad.
7. Trastornos en el sueño.
8. Trastornos perceptivos (alucinaciones).
9. Paranoias y delirios de persecución.
10. Trastorno de las sensaciones corporales (ver insectos o fuego) en tu propio cuerpo.

Estos trastornos pueden ser, en el peor de los casos, persistentes («quedarse colgado») o desaparecer una vez el cuerpo ha eliminado los tóxicos. En este último caso y sin medicación, todavía tienes la oportunidad de cambiar.

Pero los síntomas recobrarán su fuerza tras un solo consumo, haciéndote un esclavo o títere de la sustancia. Tu cuerpo ya no tendrá un efecto placentero o evasivo. Pero, aun sabiendo eso, te pedirá más y más y tu vida se centrará en olvidarte de todo lo demás; ya nada te importa, solo conseguir tu dosis. Mentirás, engañarás, te olvidarás del trabajo y la familia —y de ti mismo, dormir, comer, etc.—. Tu mundo se estrechará y solo pensarás en la droga o adicción, en cómo repetirla. Y así te convertirás de nuevo en un adicto, y ahora el fondo que toques será mayor. Y seguirás consumiendo a pesar de saber que no te sienta bien.

Tabla 3. Síntomas por comportamientos adictivos (por ejemplo, el juego)

1. Necesidad de jugar con cantidades crecientes para conseguir el grado de excitación deseado.
2. Fracasos repetidos para controlar o detener el juego.
3. Preocupación por revivir experiencias pasadas de juego, planificar la «próxima aventura» y conseguir dinero con que jugar.
4. Inquietud y/o irritabilidad cuando se intenta interrumpir el juego.
5. Utilizar el juego como elemento de evasión —estrés laboral, discusiones con la pareja, ansiedad, miedo, depresión, etc.—.
6. Después de perder un día, se retoma al día siguiente para intentar recuperar las pérdidas.
7. Se engaña a terapeutas o miembros de la familia para mitigar el grado de implicación en el juego.
8. Se cometen actos ilegales —estafas, robos, abuso de confianza, etc.— para financiar el juego.
9. Se han perdido oportunidades laborales y relaciones interpersonales.
10. Se confía en que los demás le ayuden a uno a financiar las pérdidas económicas y la desesperada situación económica donde lo ha llevado el juego.

Quieras o no, siendo un adicto tu vida se ha vuelto incontrolable y cada vez lo será más. Solo hay una solución: dejar de consumir o el comportamiento adictivo, y empezar de cero. Para poder retomar las riendas de una nueva vida, debes aceptar que la adicción es un problema y resolverlo de forma integral. No solo vale con un periodo de abstinencia; ese es el primer paso. Hay que mejorar tu forma de pensar, sentir y relacionarte con el mundo y contigo mismo; esto te lo dará la lectura del libro que tienes en tus manos y su aplicación en el día a día.

En este libro, si tienes problemas con una adicción, este anexo puede ser la herramienta que necesitabas para empezar a dejarla. Una vez lleves un periodo «desenganchado» (sin consumir), estarás en condiciones mentales de abordar el resto del libro para madurar, crecer y evitar para siempre las recaídas. Si tras la abstinencia retomas el libro y lo pones en práctica, el éxito está asegurado y superarás el pasado para construir un nuevo futuro ilusionante, donde serás feliz y sacarás lo mejor de ti mismo. Hazlo por ti y los demás. Comprométete y esfuérzate. Lo que merece la pena requiere esfuerzo. Cree en ti y tus capacidades. Lo conseguirás, inténtalo y verás como todo cambia. No de la noche a la mañana. Esto no es una «varita mágica»; será paso a paso. Cada día, teniendo fe en ti mismo y comprometiéndote (24 h al día, todos los días). Esfuérzate. Merece la pena, te espera un futuro mejor y el mundo real —con sus altos y bajos— que sabrás gestionar más adecuadamente.

Date una oportunidad y aprovecha tu vida. Si solo lo lees y sigues haciendo lo de siempre —en tu mente, emociones y hábitos—, obtendrás los mismos resultados y cada vez será peor, te lo aseguro. Por muy mal que estés ahora, por lo menos eres capaz de leer y entender lo que te estoy explicando. Eso significa que tu cerebro todavía funciona y deseas cambiar. Si continúas con la adicción, cada vez será peor, te llegará a afectar en todos los sentidos y nada te importará. Hazme caso, todavía estás a tiempo. Tal vez solo te falte recaer una vez más para perder esa posibilidad. ¿Te vas a arriesgar? Yo no lo haría.

Los métodos actuales

Cuando uno está atrapado por la adicción —a una sustancia o comportamiento— la mente se nubla y se estrecha. Y, sobre todo si la acción adictiva ha sido reciente, se activa la parte del cerebro denominada «amígdala», que «dice quiero más» y, adicionalmente, disminuye el riego cerebral al córtex, donde evaluamos las decisiones, vemos alternativas y somos creativos.

Solo pensamos en conseguir la sustancia o realizar el hábito adictivo. Con la esperanza de que nos liberará del sufrimiento, o incluso a sabiendas de que nos producirá irremediablemente efectos negativos —paranoias, alucinaciones, pérdida de dinero, de pareja, trabajo, etc.— y que el final siempre será el mismo: la soledad, el dolor, las frustraciones, etc. No tenemos voluntad de parar el ciclo adictivo. Sí la tenemos *a priori* para no reiniciarlo.

Es solo tras un proceso de desintoxicación y/o deshabituación cuando la mente puede ver con claridad a dónde nos lleva o nos ha llevado ese proceso y cuántas cosas hemos perdido en el camino de la adicción. Y solo ahí es posible preguntarse con cierta libertad qué quiero hacer de mi vida. ¿Seguir así o cambiar? El ser humano, como decía Ortega y Gasset, no es un participio, es un gerundio. Y, por lo tanto, tenemos la posibilidad de cambiar. Cambiar significa no volver a repetir el hábito o consumo. Y aceptar que, si lo hacemos, irremediablemente nos volverá a atrapar. De alguna manera somos alérgicos a esa sustancia o acción. No debemos volver jamás a repetir o caeremos en sus manos. La voluntad solo sirve para decir «no» antes; luego ya no tiene fuerza.

Desintoxicarse o romper con la adicción un tiempo

Es indispensable tener «la mente clara» para centrarse realmente en dejar la adicción e iniciar la transformación personal y el crecimiento interior, que son los objetivos de este libro. Bajo el influjo de una adicción —ya sea de sustancia o comportamiento— la mente es ingobernable. El mundo y el pensamiento se estrechan. Esto tiene su explicación porque en tu cerebro se ha creado un «circuito neuronal adictivo». Y cada nuevo consumo lo activa, primero la amígdala —centro de recompensa-temor y pide más y más— y, adicionalmente, reduce la circulación sanguínea al neocórtex —centro de la toma de decisiones, creatividad, etc.—. Este comportamiento solo se corta volviendo a las condiciones normales de tu cerebro. Solo se logra desconectando o inhibiendo el circuito adictivo durante un tiempo. Eso solo se consigue desde la abstinencia a la sustancia o hábito durante semanas. Y no teniendo recaídas. Ya que si es así, vuelta a empezar…

¿Cómo alejarse del hábito adictivo durante un tiempo? Hay varias alternativas para ello según el tipo de adicción. Si este es a sustancias, la no administración puede generar el denominado síndrome de abstinencia. Por ejemplo, en la cocaína, tras dejar el consumo, uno entra en un estado depresivo derivado de la disminución de los niveles de dopamina en el cuerpo. Esto solo dura unos días —y es soportable—, luego habrá solo dependencia psicológica. En el caso de la heroína, su abstinencia y dolores en todo el cuerpo pueden ser casi insoportables. Uno puede dejarlo «a la brava» encerrándose en una habitación unos 7-10 días a base de pastillas para mitigar el dolor y dormir; esto requiere una enorme fuerza de voluntad y, tal vez, algún día te canses y escapes a buscar la sustancia. Es arriesgado. En el caso del juego, evitar los lugares de azar. También es importante no beber alcohol, ya que este te puede nublar la mente y donde antes lo tenías claro, ahora no y viceversa —te lleva a bajar la guardia—. Para los adictos al alcohol, por supuesto, abstinencia total.

Lo mejor en todos los casos de consumo de sustancias es que consigas la abstinencia inicial bajo supervisión médica y psicológica. En ello, las Unidades de Conductas Adictivas son la mejor alternativa; busca una en tu ciudad y sigue su terapia. Otras son las clínicas privadas. O irte un tiempo a entidades como Proyecto Hombre, que te ingresarán —alejándote de todo ese mundo durante meses—, o bien Proyecto Hombre ambulatorio (Unidades de Día), donde hablarás con terapeutas y tendrás reuniones con otros adictos para expresar tu caso, tus dificultades y progresos, y compartir con ellos. Una última alternativa que tiene cosas buenas y malas es Alcohólicos Anónimos. Uno de sus fallos es que carecen en muchos casos de médicos, psicólogos o terapeutas formados. Y la jerarquía responsable-padrino-miembro se obtiene por el tiempo que llevan allí. Como si el tiempo fuera suficiente. No trabajan el problema subyacente del individuo a su comportamiento adictivo y se centran en el «Solo por hoy». Así que la cura consiste en no dejar de asistir a las asambleas diarias. A mi modo de ver, eso es como cronificar la adicción. Es no curarla. Tomar para siempre una medicación —las asambleas diarias— y si dejas de ir dicen que recaerás. Eso dice uno de sus lemas: «Si recaes y no acudes a las asambleas, no preguntes por qué». A mi modo de ver, es cambiar una dependencia por otra. Y nosotros, como individuos, deseamos curarnos interiormente, transformarnos, crecer, madurar y ser autónomos en nuestros comportamientos y decisiones. Ese es el objetivo. En las adicciones a sustancias hay también un protocolo médico para evitar o minimizar el síndrome de abstinencia con sustancias químicas, como es el caso de la metadona en el consumo de heroína o en el alcoholismo severo para bajar gradualmente la dosis, ya que pasar del todo a nada puede generar la muerte.

Las soluciones actuales contra los comportamientos adictivos se basan fundamentalmente en aceptar la adicción y poner medios para no volver a dicho comportamiento. Pero en la mayoría de las ocasiones no trabajan con la transformación y el cambio interior del individuo —forma de pensar y sentir, entre otras— y eso es el origen de muchas recaídas.

- Admitir el problema.
- Comprometerse con cambiar.
- Evitar lugares, personas, objetos, etc. que nos recuerden el comportamiento adictivo.
- Anular el pensamiento de «por una vez no pasa nada». Esto último hay que hacerlo, ya que probar otra vez la sustancia o el comportamiento nos hace entrar otra vez en el ciclo. Y cada vez es peor, generando más sufrimiento y experiencias negativas.

En ellos, básicamente te indicarán que te alejes de la sustancia —o frecuentar ciertos sitios o hábitos como ir a bares o salones de juego si es el caso, o clubs de alterne si tu adicción es al sexo—, que dejes de relacionarte con las personas adictas o que tires el material que utilizas para consumir —las pipas en caso de consumidores de crack, o jeringas, etc.—. En estos sitios el objetivo se centra en la abstinencia, que suele conseguirse temporalmente. Pero es como si estuvieras en una jaula protegido y luego, al salir de allí, ¿qué pasa? Que, si uno no se ha transformado interiormente, al menor contratiempo o frustración tendrá un consumo, una recaída, y vuelta a empezar…

Que yo conozca, solo Proyecto Hombre trabaja también el control de pensamientos (pensamientos disfuncionales) y de las emociones.

Esto me ha llevado a elaborar este método integral que expongo en el libro, que hace cambiar y crecer a la persona a través de diferentes pasos. Para que pueda desenvolverse con tranquilidad a los contratiempos de la vida, mantener la mente en calma (meditación), valores, controlar sus pensamientos y emociones. Y, en definitiva, ser dueño de sí mismo. Tú podrás, estoy seguro, si te comprometes seriamente en ello. Muy seriamente debes asumir ese compromiso y tener fe en ti mismo, en la grandeza que hay en ti. Todos podemos caer y nos podemos levantar si nos lo proponemos seriamente en su totalidad, hasta el fin, que será tu transformación interna como persona y te permitirá sacar lo mejor de ti.

No importa las veces que lo hayas intentado y fracasado. Hay que ser como un buda que cae siete veces y se levanta ocho. Esta es tu oportunidad, aprovéchala. ¡¡¡Vive una vida feliz y plena como te mereces!!! Tú puedes, en tu interior hay grandeza, sácala a relucir e inténtalo con fuerza, disciplina y compromiso contigo mismo. ¡¡¡Tú puedes cambiar!!! El pasado no te determina, solo te informa de lo que te va bien o mal. Elige, ahora y para siempre —ya eres responsable y sabes—, lo que te vaya bien a ti y a los demás. No hay excusas.

Esto no es fácil, pero lo que merece la pena, merece el esfuerzo. Yo te digo con toda seguridad que con el método integral que planteo alcanzarás tu objetivo: dejar la adicción para siempre. Y crecerás como persona, aumentando la llama que ya existe en ti e iluminando a los demás. La luz no existe sin la oscuridad. Ya has vivido —y sufrido— la oscuridad, dale una oportunidad a que esa luz que tienes dentro crezca y se haga más grande —e indestructible—. No solo ganarás tú, sino tu mundo y quienes te rodean.

Se ha constatado que con los métodos tradicionales la mayoría de las personas pueden evitar el comportamiento adictivo durante meses —o incluso años—, pero luego vuelven a recaer. Lo cual indica que el comportamiento adictivo sigue siendo un recurso que está en el subconsciente esperando la ocasión para salir. De forma que, adicionalmente a alejar al sujeto de las situaciones desencadenantes —sustancias, lugares, compañías adictivas, etc.—, se hace necesaria una transformación integral del individuo para alcanzar la plenitud y tomar el control de su propia vida. Para iniciar este proceso son necesarias algunas condiciones de partida:

- Llevar algún tiempo alejado del comportamiento adictivo, ya que eso ayuda a aclarar la mente. Tratamiento en la Unidad de Conductas Adictivas (UCA) de tu localidad, ingreso en un centro como Proyecto Hombre, una clínica privada, etc.
- Plantearse un objetivo que vaya más allá de dejar de consumir o repetir el comportamiento adictivo y que busque una nueva vida plena y feliz donde poder desarrollar todo su potencial (una meta en dos pasos).
- Para evitar recaídas, compromiso total con el método integral y con el cambio, y técnicas que se exponen en este libro. Eso no equivale solo a leerlas, sino a ponerlas en práctica conscientemente día a día. Hasta que se integren

en uno mismo como una nueva personalidad y forma de afrontar el mundo.

Este método integral completa los actuales en el tratamiento integral de la persona —alejarse de las drogas o lugares adictivos, personas adictas, etc.— y profundiza en el cambio personal del individuo.

Utilizando técnicas de meditación —que pondrán su mente en calma—, control y gestión de pensamientos y emociones, cambios de hábitos, etc., que te harán crecer como individuo y saldrás mejorado tras tu experiencia en la adicción. Y serás mejor persona donde puedas desarrollar todas las cualidades que tienes en tu interior.

Pero vuelvo a repetir: hace falta un compromiso y fe total en el método. Ese compromiso total se adquiere cuando uno ha tocado fondo y ve que su vida se ha vuelto ingobernable y solo hay dos caminos: seguir así o cambiar. O bien cuando uno ha reflexionado o escuchado algo que le hace tomar la decisión de dejar la adicción de forma definitiva. Yo pienso que hay «oro» y «una chispa divina» en cada uno de nosotros esperando salir. Dale la oportunidad y demuestra todo lo que vales. El pasado te sirvió como experiencia y te llevó a la satisfacción inicial y luego al dolor.

Saca la experiencia de que la adicción no fue una buena decisión; ni siquiera la tomaste conscientemente: te atrapó. No te lamentes ni culpabilices, a cualquiera le puede pasar. Ahora que eres consciente, de ti depende aprender de las experiencias e iniciar un nuevo camino.

La verdadera cura existe en la transformación interior y el desarrollo del autocontrol de valores, pensamientos, emociones, hábitos. En transformarte a ti mismo y sacar lo mejor que tienes. Y seguir con tu vida… ¡¡¡que ahora será más plena y feliz!!!

Además de dejar la adicción, en el libro se perfilan técnicas que te harán crecer como persona —ser mejor para ti y los demás—. Adicionalmente, te ayudan a enfrentarte a este mundo de continuo cambio e incertidumbre.

Nunca bajes la guardia. Por ejemplo, aunque tu adicción no sea el alcoholismo, debes evitar tomar alcohol, ya que este te puede confundir. Y, entre el sí y el no de retomar tu adicción real y original, puedes en ese estado autoengañarte y pensar que sí. Una sola toma o acción te volverá a atrapar. No es así. ¡¡¡Un adicto lo es de por vida!!! Es, por decirlo así, «alérgico» a esa sustancia o acción. Al volver, aunque solo sea «un consumo», te vuelves otra vez de forma automática en un títere de la acción y/o sustancia adictiva. Seguirás repitiendo el proceso de adicción, como tantas veces, hasta que se te agote el dinero o las fuerzas —durante horas o días repetirás el consumo— y no podrás pensar en nada más. Nada te importará, solo repetir y repetir el consumo. No lo infravalores, ¡¡¡un solo consumo te llevará a una recaída que cada vez será peor!!! Por tanto, anticípate y consigue estar siempre con la mente clara. Una copa, una pastilla, hablar con un adicto, ir a los sitios donde eras adicto, etc., puede inexorablemente perturbar tu mente. No lo hagas jamás, créelo. O si no el resultado será siempre una recaída. Además, estate atento al fenómeno de la sustitución, cambiar una adicción por otra, por ejemplo, alcohol por el juego, etc. Nunca bajes la guardia. Y ten siempre la mente clara, serena y en calma; eso es para tenerlo presente el resto de tu vida.

Tu poder está en la decisión de lo que eliges pensar y luego ser coherente. Está claro que en este mundo hay incertidumbre sobre muchas cosas, pero sobre la adicción no: te destruirá poco a poco, a ti y a tu mundo. Esa ha de ser tu primera prioridad y una vez la superes (la adicción), ya se abrirá un nuevo abanico de posibilidades que bajo la adicción no existen —tu mente «se había estrechado»—. Entonces, tras ese periodo de abstinencia, podrás sacar el máximo partido del libro.

Hay distintas técnicas mentales para evitar la recaída. Una de ellas es evitar andar por pasos o pensamientos que te llevarán irremediablemente a recaer. Todo surge en un malestar interior o algo asociado a la adicción —sigues diciéndote que no lo harás—, pero luego tomas una o varias copas para aliviar el malestar; esto te nubla la mente y piensas si lo harás o no. Si vas al sitio de la adicción o llamas por teléfono al camello, ya habrás caído irremediablemente de nuevo. El truco está en detectar al inicio el pensamiento de realizar el comportamiento adictivo y sustituirlo por otro —ir al cine, hacer deporte, ir a casa a meditar, leer un libro, etc.—. Cortar al inicio los pasos, ya que si te dejas llevar y llegas al último el comportamiento adictivo es inevitable. Y la recaída.

Otra técnica que puedes hacer, siempre al principio del pensamiento —nunca esperes al último paso, ya que la recaída es inevitable—, es el denominado *craving*, que consiste en visualizar a dónde te llevará —al sitio de tantas veces: sin dinero, defraudando a personas que quieres, echo polvo, sentimiento de culpa, dolor— y superponer a esa imagen mental cómo sería el día sin ese consumo —dueño de ti mismo, no habrás gastado dinero, feliz y habrás hecho feliz a quienes te rodean, etc.—. Visualiza vivamente esa imagen de cómo sería el día si no caes en acto adictivo y superior a la imagen triste de dónde te llevará volver a entrar en la adicción. Y disfruta de la imagen de un día sin adicción, añade colores, música o lo que más te impacte —unas risas con tu pareja, la sensación de libertad que experimentas al tener el control de tu vida—. El cerebro tiende a apegarse a las situaciones placenteras más que a las que nos causan perjuicio o dolor.

Hay que habituarse a realizar esto de forma automática detectando rápidamente qué decisión nos lleva al fracaso y cuál al crecimiento personal. Y tomar rápidamente la del crecimiento personal, no la que nos llevará a la conducta adictiva, y hacer lo adecuado. Eso hace la gente inteligente y tú lo eres.

Si has tenido problemas con la adicción, cuando acabes este anexo y hayas dejado la adicción un tiempo, lee el libro completo y aplícalo en tu vida cotidiana. Te ayudará a crecer personalmente y evitar recaídas.

Anexo II. Breve introducción a la teoría de la complejidad

Ya que no podemos cambiar la realidad,
cambiemos los ojos con los que vemos la realidad.

Nikos Kazantzakis

Un sistema complejo es aquel formado por múltiples partes que interactúan de muy diversa forma, a veces con un comportamiento no lineal en ellas mismas o en el sistema. Característica esencial de estos sistemas es el hecho de que constituyen colectivos en los que surgen propiedades al constituirse ellos que no presentaban aisladamente. A esas se las denomina «propiedades emergentes» —por ejemplo, la mente es una característica emergente del cerebro en acción y que está a su vez constituido por neuronas interconectadas—.

La no linealidad se manifiesta matemáticamente en las ecuaciones matemáticas que modelan el sistema. Las variaciones —por pequeñas que sean de sus parámetros— lo pueden desestabilizar y llevar a situaciones que no sean predecibles, a grandes cambios en las propiedades emergentes, a veces cambios irregulares y/o no periódicos, etc. Se dice entonces que se ha llegado al caos.

Este tipo de sistemas se manifiestan en muchos niveles: económico, político, ecosistemas, en el ser humano, física, mecánica, psicología, etc.

Por ejemplo, la población de una especie animal puede estudiarse mediante una ecuación iterativa:

$$X(N+1)=KX(N)[1-X(N)]$$

Donde las X representan las poblaciones en la etapa que se estudia y la anterior, y la K es su tasa de crecimiento. Para cierto valor de K, los valores de la población comienzan a repetirse periódicamente constituyendo ciclos, que van aumentando en componentes, llegan a ser muy largos y, a partir de cierto valor, la tasa pierde la periodicidad y es cuando se presenta la condición de caos. Si representamos dichos valores en un eje de coordenadas, observaríamos la aparición de un patrón geométrico que se repite, cada vez a menor tamaño del mismo patrón geométrico. Es lo que denominamos «fractal» (es un proceso de autosemejanza), el cual se realiza manteniendo constante el factor de reducción. Tanto la teoría del caos como el estudio de los fractales están dentro de la teoría de la complejidad.

También incluye principios de la teoría termodinámica, donde uno de ellos afirma que todo tiende al caos, al desorden, etc. Frente a ella, el mundo la contradice a veces sobre la organización del mundo actual. El cosmos, los materiales inanimados —que a la postre son sistemas organizados basados en las leyes físicas— y los seres vivos —de una enorme complejidad, cuya organización está organizada en el ADN que tiene toda la información de cómo debe funcionar y construirse a nivel «básico» un organismo vivo— contradicen, en cierta medida, ese principio de la termodinámica. Aunque, tomado a este mundo del presente, a veces se contradice, tal vez dentro de millones años el universo tienda al caos y al reposo absoluto (una visión un poco pesimista, pero si es así…). No obstante, siempre nos queda el presente, es lo único que existe ahora. Y desde eso podemos hacer algo hoy. Atrévete, aunque fracases, vuelve a intentarlo una y otra vez… Decía Winston Churchill: «El éxito es ir de fracaso en fracaso, hasta llegar al final a tu objetivo». ¡¡¡Nunca te rindas!!!

Existen distintos métodos para aproximarse a la teoría de la complejidad:

- Murray (1995) propone el concepto elemental de la complejidad, que se expresa como un todo trenzado. Un sistema complejo se ubica entre la franja de condiciones intermedias entre el orden y el desorden. Mas allá están las escalas de lo fundamental, lo microrrepresentado en el *quark* y lo macrorrepresentado metafóricamente en el hombre.
- Un sistema complejo adaptativo adquiere información de su entorno y de la interacción entre el propio sistema y sus partes.
- Rodríguez y Aguirre (2011) definen la teoría de la complejidad como el nombre de un campo borroso que abarca en su formulación científica a la teoría de sistemas en sentido amplio: sistemas dinámicos, sistemas no lineales, sistemas adaptativos, la teoría del caos y los fractales.

La teoría de sistemas es multidisciplinar. La instrucción habitual en física, biología, psicología, ciencias sociales, etc. las trata como dominios separados y la tendencia a hacer ciencias separadas de subdominios cada vez menores, proceso repetido hasta un punto de que cada especialidad se transforma en un área insignificante sin nexos con los demás, es contraproducente. En contraste, las exigencias del momento nos obligarán en los sistemas educativos a adiestrar generalistas científicos y exponer principios básicos interdisciplinarios; estos son los que la teoría de sistemas aspira a satisfacer.

Bibliografía

Fernández-Abascal, E., Jiménez Sánchez, M. P., Martín Díaz, M.D. *Emoción y motivación. La adaptación humana*. Ed. Centro de Estudios Ramón Areces SA. 2003.

Fernández-Abascal, E. *Emociones positivas, psicología y bienestar*. Facultad de Psicología. UNED.

Goleman, Daniel. *Inteligencia emocional*. Ed. Kairós. 1996.

Piqueras Rodríguez, J. A. *et al. Emociones negativas y su impacto en la salud mental y física*. Suma Psicológica. Vol. 16, N.º 2: 85-112, diciembre 2009.

Gleik, J. *CAOS*. Universidad de Notre Dame. 2007.

Maldonado, C. E. *Complejidad, ciencia, pensamiento y aplicaciones*. Universidad de Colombia. 2007.

Maldonado, C. E. *Transformación de la no-complejidad a la complejidad*. Ingeniería 3 (21)... 2016.

Heisenberg, W. *Quantum theorical re-interpretation of kinematic and mechanical relations*. Z. Phys- 1925.

Robbins, A. *Poder Sin límites. La nueva ciencia del desarrollo personal*. Grijalbo. 1990.

Dyer, W.W. *Tus zonas erróneas. Guía para combatir las causas de la infelicidad*. Grijalbo. 2005.

Tordjmam, G. *Conquistar la felicidad*. Granica Editor. 1977.

Blanco, M. *Otros mundos*. Ed. Palmira. 2018.

Medina, J. C. *Entrena y mantén activo tu cerebro*. Ed. Tikal. 2020.

Coles, P. *Hawking y la mente de Dios*. Gedisa, Ed. 2000.

Wittgenstein, L. *Sobre la Certeza*. Gedisa, Ed. 1979.

Lamm, E. and Unger, R. *Biological computation*. CRC press. 2010.

Fromm, E. *Tener o Ser*. Fondo de cultura económica. Sección psicología y psicoanálisis. 1988.

Malinowski, B. *Estudios de psicología primitiva*. Paidós Studio. 1982.

Lassalle, E. *ZEN: Un camino hacia la propia identidad*. Mensajero Ediciones. 2000.

García Serrano, A. *Inteligencia Artificial*. RC libros. 2012.

Carthy, J. D. *La conducta de los animales*. Salvat. 1969.

Paliouras, G. *Machine Learning and its Applications*. Springer. 2001.

Santideva. *La marcha hacia la luz*. Miraguano Ed. 1993.

Park, R. L. *Ciencia o Vudú*. Grijalbo. 1999.

Marín Ibáñez, R. *La creatividad*. CEAC. 1984.

Osho. *Día a Día*. RBA. 2006.

Wason, P. C and Jhonson-Laird, P. N. *Psicología del razonamiento*. Debate Ed. 1980.

Rudgley, R. *Los pasos lejanos. Una nueva interpretación de la prehistoria*. Grijalbo. 1999.

Arnold, M. *Querer no es poder. Cómo comprender y superar las adicciones*. Atalaya. 1995.

Lao Tse. *Tao te chin*. RBA. 2007.

Ferris, T. *El firmamento de la mente*. Acento Ed. 1993.

Pérez Álvarez, M. *El mito del cerebro creador*. Alianza Ed. 2011.

Ribeiro, L. *Inteligencia Aplicada*. Planeta Ed. 2003.

Blake Lee, S. *Los Engaños de la mente*. Booket. 2012.

Wilhelm, R. *I CHING. El libro de las mutaciones*. Edhasa. 1991

Sobre el autor

Francisco Evedasto Ibarra Picó (Elche, 1967). Su formación académica se ha centrado en la Ingeniería Informática (ciencia del tratamiento racional de la información) en la Universidad de Valencia. Su tesis doctoral, defendida en la Universidad de Alicante, versa sobre inteligencia artificial y redes neuronales. También cursó un posgrado en Patentes e Innovación Tecnológica.

Tiene varios libros técnicos publicados y más de un centenar de artículos. En sus más de treinta años como profesor titular de la Universidad de Alicante ha emprendido estudios multidisciplinares acerca del cerebro (su fisiología y comportamiento), la creatividad, la inteligencia emocional, la psicología, métodos para desarrollar la inteligencia, abordar los retos, formas de pensar y actuar que conducen al éxito personal, inteligencia aplicada, técnicas de lavado de cerebro, sectas y programación neurolingüística (PNL), teoría de la complejidad, termodinámica, teoría del caos, etc.

9 788418 730702